# 運送業の未払い残業代問題はオール歩合給で解決しなさい

向井 蘭・西川 幸孝 共著

日本法令

# はじめに
## ～日本の雇用社会は原点に還るべき～

　雇用契約においては、「労務の提供」に対する対価が「賃金」であるといわれていますが、日本においてはそれほど単純ではなく、現在においても「年齢」や「勤続年数」、「忠誠心」などにも賃金を支払っているのが実情です。

　戦後の、日本全体が成長のエスカレーターに乗っているような状態で企業が成長し、従業員の賃金も上がっていた局面では、このような仕組みでも何も問題はありませんでした。しかし、現在では人口減少局面に入り、経済も停滞どころか縮小・衰退を始めています。今後、企業経営を続けいくうえで、今までと同じ仕組みでは立ちゆかなくなることは間違いありません。

　私は仕事柄、トラック運送業の未払い残業代請求事件を扱うことが多く、多くの運送会社の賃金制度を見聞きしていますが、固定給の割合が高い会社がかなり多いことに、驚かされます。

　トラック運送業は、「働いて得た出来高に応じて賃金を支払う」というシンプルな仕組みが成り立つ業界です。にもかかわらず、なぜか固定給の比率が高いままで、中小の運送会社では荷主の圧力から運賃が下がる事例さえも見受けられるため、運転手に平等に賃金として配分することも困難になっています。その結果、労働条件を改善することも難しくなり、効率良く働く運転手ほど割に合わず退職してしまう、という結果を招いてしまっています。

　限られた原資をどう分配するか。トラック運送業においてこの根本的な問題を解決する方法は一つしかなく、「働いて得た出来高に応じて賃金を支払う」という原則を徹底する～オール歩合給制度の導入～しかないと思います。

　驚くべきことに、労働者を保護する法律である労働基準法にも、この「働いて得た出来高に応じて賃金を支払う」という制度（歩合給）の場合、割増賃金の計算において、会社に結果として有利な内容が用

意されています。詳細は本書を読んでいただく必要がありますが、運送業の経営と労務コンプライアンスの両方が成り立つ仕組みが、既に労働基準法に存在していたのです。ところが、なぜかこの「オール歩合給制度」はイメージが悪く、運送業関係者においてもオール歩合給制度は違法であると思い込んでいる方が多数います。

　私は、ぜひ経営と労務コンプライアンスの両立を図ることができるオール歩合給制度を知っていただきたいと思い、歩合給制度に造詣の深い西川幸孝先生にお願いをして、共著の形で紹介することとしました。

　考えてみれば「働いて得た出来高に応じて賃金を支払う」という原則は、極めてシンプルであり、雇用の基本形態の一つであったはずですが（明治時代の紡績工場では出来高制を採用していた事例が多数を占めました）、今の日本の雇用社会に欠けている要素ともいえます。「働いて得た出来高に応じて賃金を支払う」ことを意識すれば、低い生産性、年功制度の弊害、同一労働同一賃金問題、高年齢者雇用の活用などの問題を解決することが可能になります。

　本書では運送業以外へのオール歩合給の適用についても取り上げており、運送業以外についても参考になるものであると自負しております。

　本書が、読者の皆様の抱える問題解決の一助となれば幸いです。


令和4年2月

弁護士　向井　蘭

## CONTENTS

## 第2章　オール歩合給制度導入のために何をすればよいか

# 第3章　オール歩合給制について

## 第4章　歩合給の法的取扱い

# 第7章　経営者・管理者に求められる姿勢

<hr>

## 第8章　様々な職種への オール歩合給展開を考える

第1章

---

# オール歩合給制度導入の
# 必要性

# I

# 弁護士による未払い残業代請求は運送業が多くを占める

## I-1 サービスエリアにある法律事務所の広告

　皆様、某高速道路のサービスエリアに、法律事務所の広告があることをご存じでしょうか。

> トラックドライバーの皆様　残業代をあきらめていませんか？

　サービスエリアの食堂に貼ってあるのです。

　「2年分の残業代は約450万円‼」と事例を挙げ、「ドライバーにも残業代は発生します。長時間労働になりやすいトラックドライバーは、多額の残業代未払いが生じやすい代表的な職種です」と説明しているのです。完全成功報酬で「残業代請求を弁護士が代理します」と続き、最後にフリーダイヤルの番号が掲載されています。

図表1-1　広告の例

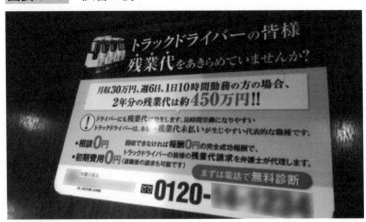

## I-2 なぜ弁護士による未払い残業代請求は運送業が多くを占めるのか？

　私の経験した範囲ですが、弁護士による未払残業代請求の少なくとも３分の１から半数は運送会社相手のものです。このような事実は世の中に知られていませんが、私ども労働事件に携わる弁護士からすれば、不思議なことではありません。

　理由は簡単で、①労働時間が長いこと、②労働時間に応じて賃金を支払おうとしないこと、が主な理由となります。この２つのため、集中的に未払い残業代請求を受けることになります。

　例えば、月平均所定労働時間が170時間で月給35万円、時間外労働時間が100時間（比較的多くみられます）で、何ら割増賃金を支払っていない場合は、35万円÷170時間×100×1.25＝25万7,352円の未払い残業代請求が可能となります。24カ月分となると、25万7,352円×24カ月＝617万6,470円です。

　「そんなに多額の金額を支払うなんてあり得ないでしょう！」と思われるかもしれませんが、弊法律事務所では珍しい事例ではありません。ドライバーが２名から３名以上の団体で請求することも多く、優に合計1,000万円を超えます。

　弁護士の報酬体系には様々なものがありますが、未払い残業代請求については着手金を無料にして成功報酬として経済的利益の20％から30％をもらうという契約内容になっていることが増えています。そうなりますと、仮に500万円を未払い残業代請求として回収できた場合は報酬が100万円から150万円となり、十分採算が合うようになります。

　このような完全成功報酬制度の損益分岐点は事案や各法律事務所によって様々だと思いますが、回収金額が200万円を切るとなかなか厳しく、300万円を超えれば多くの法律事務所で損益分岐点を超えると思います（私の予想です）。

　運送業の未払い残業代請求の場合、①労働時間が長い、②労働時間

---

*17*

I　弁護士による未払い残業代請求は運送業が多くを占める

に応じて賃金を支払おうとしないことから200万円を最低でも回収できることが多いので、仕事として黒字になりやすいと考えます。

　そのため、①労働時間が長い②労働時間に応じて賃金を支払おうとしないことなどの業界慣習が変わらない限り、今後も集中的に未払い残業代請求の対象となります。

# Ⅱ

# なぜ運送業の労働時間は長く、労働時間に応じて賃金を支払おうとしないのか

## Ⅱ-1 全産業平均労働者に比べて長い労働時間

　厚生労働省の審議会資料（次ページ**図表1-2**）によれば、労働時間は、大型トラックが年間 2,532 時間、中小型トラックは年間 2,484 時間であるのに対し、全産業平均労働者は 2,100 時間です（令和2年）。

　一方、賃金は大型トラックが年間 454 万円、中小型トラックは年間 419 万円であるのに対し、全産業平均労働者は 497 万円です。

　これはつまり、運送業界では、労働時間が長い割に賃金が低いということを表しています。

## Ⅱ-2 中小企業が圧倒的多数という業界の特殊性

　トラック運送業の業界構造は、国土交通省の第1回「2020 年代の総合物流施策大綱に関する検討会」資料によれば、以下のとおりです（https://www.mlit.go.jp/common/001354690.pdf ）。

| 営業収入 | 16兆3,571億円 | 事業者数 | 62,068者 |
|---|---|---|---|
| 従業員数 | 194万人 | 中小企業率 | 99.9% |

　従業員数が 194 万人いるにもかかわらず中小企業率が 99.9％となっており、圧倒的多数のトラック運送業は中小企業に該当します。

　一方、全日本トラック協会の「経営分析報告書（概要版）」で車両

台数のグループ別にみると、コロナ禍の影響を受ける前の平成30年度では、21台以上では営業収支率がプラスで黒字となっているものの、規模が小さくなるほど営業収支率の水準が低い結果となっています（**図表1-3**）。

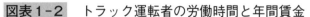

図表1-2　トラック運転者の労働時間と年間賃金

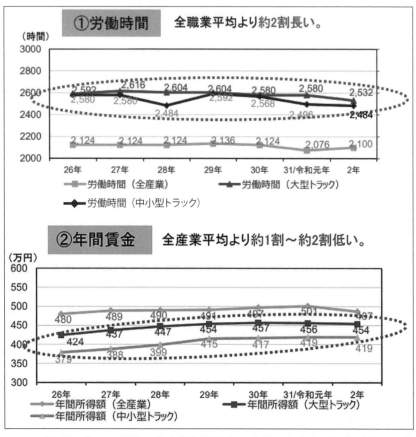

（出典）第2回労働政策審議会労働条件分科会自動車運転者労働時間等専門委員会トラック作業部会資料

　これらの情報からは、小規模事業者について以下の内容を推測することができます。

第1章　オール歩合給制度の導入の必要性

**図表1-3** 貨物運送事業の営業収益・営業利益率の推移（1者平均）

●平成30年度決算版

| 区分 | | 営 業 収 益 （千円） | | | 営業利益率 （%） | | |
|---|---|---|---|---|---|---|---|
| | | 28年度 | 29年度 | 30年度 | 28年度 | 29年度 | 30年度 |
| 全体 | | (6.1) | (2.8) | (7.6) | 0.2 | ▲0.3 | ▲0.1 |
| | | 213,751 | 219,693 | 236,396 | | | |
| 車両規模別 | ～10 | (3.5) | (4.0) | (2.8) | ▲0.7 | ▲1.5 | ▲1.2 |
| | | 56,780 | 59,024 | 60,678 | | | |
| | 11～20 | (3.9) | (4.4) | (2.1) | 0.1 | ▲0.9 | ▲0.1 |
| | | 151,893 | 158,533 | 161,904 | | | |
| | 21～50 | (4.9) | (0.7) | (9.1) | 0.2 | 0.0 | 0.4 |
| | | 321,930 | 324,052 | 353,572 | | | |
| | 51～100 | (5.9) | (2.1) | (5.8) | 0.3 | 0.2 | 0.5 |
| | | 639,716 | 653,458 | 691,560 | | | |
| | 101以上 | (11.5) | (2.3) | (8.3) | 1.0 | 0.6 | 0.8 |
| | | 1,303,147 | 1,333,006 | 1,444,074 | | | |

●令和元年度決算版

| 区分 | | 営 業 収 益 （千円） | | | 営業利益率 （%） | | |
|---|---|---|---|---|---|---|---|
| | | 29年度 | 30年度 | 元年度 | 29年度 | 30年度 | 元年度 |
| 全体 | | (2.8) | (7.6) | (▲7.7) | ▲0.3 | ▲0.1 | ▲1.0 |
| | | 219,693 | 236,396 | 218,203 | | | |
| 車両規模別 | ～10 | (4.0) | (2.8) | (▲10.0) | ▲1.5 | ▲1.2 | ▲2.5 |
| | | 59,024 | 60,678 | 54,590 | | | |
| | 11～20 | (4.4) | (2.1) | (▲5.8) | ▲0.9 | ▲0.1 | ▲1.7 |
| | | 158,533 | 161,904 | 152,555 | | | |
| | 21～50 | (0.7) | (9.1) | (▲10.4) | 0.0 | 0.4 | ▲1.0 |
| | | 324,052 | 353,572 | 316,656 | | | |
| | 51～100 | (2.1) | (5.8) | (▲5.3) | 0.2 | 0.5 | ▲0.3 |
| | | 653,458 | 691,560 | 655,185 | | | |
| | 101以上 | (2.3) | (8.3) | (▲7.5) | 0.6 | 0.8 | 0.5 |
| | | 1,333,006 | 1,444,074 | 1,335,047 | | | |

注：営業収益のカッコ内は前年度比伸び率、単位%、▲はマイナス

（出典）公益社団法人全日本トラック協会『経営分析報告書（概要版）』

Ⅱ　なぜ運送業の労働時間は長く、労働時間に応じて賃金を支払おうとしないのか

・トラック運送業の中小企業の中でも経営が苦しく、荷主との関係も比較的荷主の立場が強い
・大規模事業者のように、数の力で荷主に対して「御社の荷物を一切預からないことになりますよ。それでもよいのですか」と圧力をかけることができず、むしろ荷主から「お宅の替わりならいくらでもいるよ」と脅かされてしまうことになりかねないため、赤字を避けるために運賃の値上げの要請などを行うことができない
・荷主に対して値上げなどの要求をすることは難しいため、しわ寄せがドライバーにいき、長時間労働により一定の運賃収入を確保しつつ、人件費を抑えるため、労働時間にかかわらず一定金額を支払うという仕組みを採用せざるを得ない

　個別の経営者が労働基準法（以下、「労基法」という）に疎い、法令遵守の意識が低いということもありますが、中小企業が圧倒的多数という業界の構造が、①労働時間が長い、②労働時間に応じて賃金を支払おうとしない、という業界の慣習につながっているものと思われます。

　下請構造も、長時間労働の原因の一つになっています。大手運送会社などは労働関係諸法令を遵守するために、直接雇用のみで運行することはせず、「傭車」とよばれる下請会社に委託して運送業務を行っています。そしてその「傭車」とよばれる会社が別の下請先に再委託をすることもあり、3次下請会社や4次下請会社が存在することもあります。

　このような場合、末端の下請会社が運行を受託することになりますが、構造上、末端の下請会社は低運賃にならざるを得ず、長時間労働で何とか低運賃をカバーするため、①労働時間が長い、②労働時間に応じて賃金を支払おうとしない、という業界の慣習につながっていくものと思われます。

# Ⅲ

# 消滅時効３年への延長により
# 倒産する運送会社も出てくる

　労基法が改正され、令和２年４月１日から賃金債権の消滅時効期間が３年となりました（条文上は５年ですが、「当分の間」３年となりました）。これまで２年でしたので、1.5倍の期間の請求が可能となります。もっとも令和２年４月１日から施行されましたので、実際に２年を超えて請求される事例が出てくるのは、令和４年４月１日以降となります。

　例えば、上記Ⅱ-1で挙げたように、月平均所定労働時間が170時間で月給35万円、時間外労働時間が100時間（比較的多くみられます）で何ら割増賃金を支払っていない場合、35万円÷170時間×100×1.25＝25万7,352円の未払い残業代請求が可能となります。24カ月分となると、25万7,352円×24カ月＝617万6,470円となります。これが同じ事案で３年間の請求になれば、すべて1.5倍になりますから、請求金額が約900万円となります。

　現在、弁護士が代理人として未払い残業代請求を行う場合は、着手金無料の完全成功報酬制であることが多く、回収金額の20％から30％の間になることが多いようです。そうなると、弁護士としての報酬総額は１件あたり優に100万円を超えますので、収益として十分成り立ちます。過払い金返還請求よりは手間がかかりますが、残業代計算を事務局職員が行い、弁護士が電話で交渉をしてまとめれば十分収益として黒字になります。

　将来的に消滅時効がさらに延長されて消滅時効の期間が５年になると、成功報酬が200万円を超える事案が通常になると思います。広告やCMを大々的に打っても弁護士として採算が合い、弁護士が関与する案件が現在の数倍にも増えると予想します。

このように未払い残業代請求の激増が予想されますので、運送会社においては対策が重要な経営問題となることは間違いありません。上記Ⅱで挙げた赤字経営の小規模事業者などでは未払い残業代問題により深刻なダメージを被る可能性があり、場合によっては倒産の引き金を引いてしまう可能性があります。

# Ⅳ

# 国際自動車事件最高裁判決の衝撃

## Ⅳ-1 きっかけは北海道のタクシー乗務員勝訴の裁判例

　北海道のタクシー会社の乗務員が実質完全歩合制の賃金制度について争い、未払い残業代を請求しました。労働者側が勝訴し（三和交通（歩合給等・付加金）事件（札幌地裁平成23年7月25日判決））、その後も同種の訴訟で労働者側が勝訴しました（朝日交通事件（札幌地裁平成24年9月28日判決））。

　いずれも、裁判所は、会社の賃金規定の定めはいわゆる時間外等の労働時間に関係なく、出来高によって決定される完全歩合制であって、その規定上、時間外・深夜手当や歩合割増給を支給するものとはされているものの、実質、オール歩合給の範囲内で時間外・深夜手当が支払われるに過ぎず、労基法37条の趣旨を潜脱するものであり違法であると判断しました（詳しくは37ページ参照）。

## Ⅳ-2 国際自動車の賃金の仕組み

　上記事件に登場した会社と同じタクシー会社である国際自動車の賃金制度には、大きく分けて、勤務日ごとに支払われる固定給と売上をもとに支払われる歩合給がありました。そして、どちらにも労基法に基づく割増賃金が発生する仕組みとなっていました。

　ここまでは通常の賃金制度なのですが、国際自動車では、**歩合給 i から固定給に対する割増賃金**と**歩合給 i に対する割増賃金**を差し引いて、**歩合給 ii を算出**します（**図表1-5**）。これがタクシー会社特有の

図表1-4 国際自動車の割増賃金イメージ（実際の制度よりも簡略化しています）

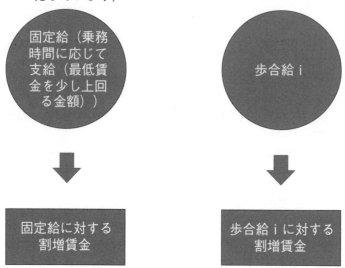

図表1-5 国際自動車の歩合給の仕組み

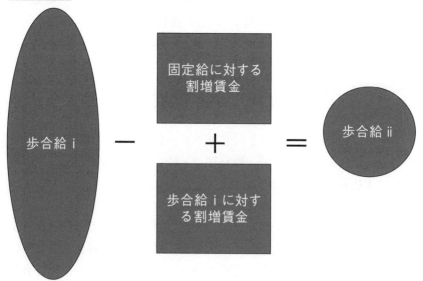

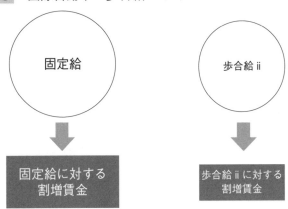

**図表1-6** 国際自動車の歩合給のしくみ

固定給

歩合給ⅱ

固定給に対する
割増賃金

歩合給ⅱに対する
割増賃金

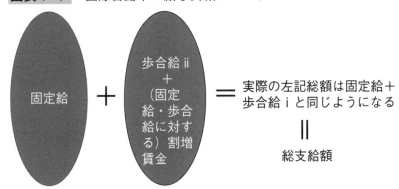

**図表1-7** 国際自動車の給与支給イメージ

固定給 ＋ 歩合給ⅱ＋（固定給・歩合給に対する）割増賃金 ＝ 実際の左記総額は固定給＋歩合給ⅰと同じようになる ＝ 総支給額

仕組みであり、この仕組みがあるため、**歩合給ⅰ**の範囲内で割増賃金を支払うことになります。

　**歩合給ⅱ**を算出したら、改めて固定給と**歩合給ⅱ**に対する割増賃金を算出します（**図表1-6**）。国際自動車においては、正式な歩合給はあくまでも**歩合給ⅱ**ということになりますので、労基法に従って固定給と**歩合給ⅱ**に対する割増賃金を算出したように見えます。

　実際の支給額は**図表1-7**のとおりとなり、結局、固定給と歩合給ⅰを支払っているのと同じ賃金を支払うことになります。

## Ⅳ-3 国際自動車事件も下級審においては乗務員勝訴の流れが続いていた

　国際自動車の乗務員が上記賃金制度について争い、未払い残業代を請求しました。東京高裁平成 27 年 7 月 16 日判決は次のように判断し、乗務員側が勝訴しました。

　本件規定によれば、時間外等の労働をしていた場合でもそうでない場合でも乗務員に支払われる賃金が同じになる（中略）のであって、歩合給の計算に当たり対象額Ａから割増金に見合う部分を控除する部分は、強行法規であり違反者には刑事罰が課せられる労働基準法 37 条の規制を潜脱するものであるから、同条の趣旨に反し，ひいては公序良俗に反するものとして民法 90 条により無効である

## Ⅳ-4 まさかの平成 29 年最高裁判決

　ところが、平成 29 年 2 月 28 日の最高裁判決は以下のような内容で、東京高裁への差戻しを命じました。

・労基法 37 条は、法定の方法により算出された額を下回らない額の割増賃金を支払うことを義務付けるにとどまり、法定の算定方法を義務付けるものではない
・労基法 37 条の割増賃金が支払われたかを判断するには、通常の労働時間の賃金に当たる部分と割増賃金に当たる部分とが判別でき、かつ支払われた割増賃金額が法定の算出方法による額を下回らないかを検討すべきである
・売上高などの一定割合に相当する金額から割増賃金に相当する額を控除したものを通常の労働時間の賃金とすることは、公序良俗に反するとはいえない

・割増賃金額が法定の算出方法による額を下回らないかの判断において
は、法内時間外労働や法定外休日労働にあたる部分とそれ以外を区別
しなければならない

　これは、非常に微妙な内容です。なぜならば、会社の制度が公序良
俗に反するとはいえないと判断しつつも、会社の制度は違法とも適法
とも判断しなかったからです。

　いわゆる定額残業代などの制度においては、明確区分性（通常の賃
金と割増賃金に当たる部分が明確に区分できること）と対価性（定額
残業代が割増賃金としての実質を有していること）が必要といわれる
のですが、タクシー会社の割増賃金制度についても明確区分性が必要
であるとして、東京高裁への差戻しを命じただけなのです。

## Ⅳ-5 差戻し後の東京高裁平成30年2月15日判決では、会社勝訴の結論

　これまでと打って変わり、差戻し後の東京高裁判決は、国際自動車
寄りの内容でした。以下のとおり、形式的に通常の労働時間の賃金に
当たる部分と割増賃金に当たる部分とが明確に区分されていれば、仮
に歩合給から割増賃金を控除して新たな歩合給としても違法ではない
と判断したのです。

　これには驚きました。これまで、多くの下級審がタクシー会社の割
増賃金制度を批判して無効と判断してきたにもかかわらず、一転して
明確区分性には問題ないと判断したのです。最高裁判決の内容を忖度
して、形式的に通常の労働時間の賃金に当たる部分と割増賃金に当た
る部分が明確に分かれていればよいと判断したものと思われます。

……基本給，服務手当及び歩合給の部分が，通常の労働時間の賃金に当たる部分となり，割増金を構成する深夜手当，残業手当及び公出手当が，法37条の定める割増賃金に当たる部分……通常の労働時間の賃金に当たる部分と法37条の定める割増賃金に当たる部分とが明確に区分されて定められているということができる。

……労働時間の長さを考慮するための方法として割増金の控除を定めたとしても，……法37条の定める明確区分性には反しない。

……歩合給（1）の算定過程で，割増金相当額を控除する方式を採用しても、……労働効率性の観点からの評価要素の性質を有するもので，……法37条に違反せず，実質的に時間外労働への対価が支払われていないと直ちに評価することはできない

### Ⅳ-6 決定的な最高裁判決

　令和2年3月30日最高裁判決は、事前に予想していたものの、実際に判決文を読んで私はショックを受けました。判決内容は、**図表1-8**のとおりです。

　国際自動車の賃金制度は、本来の歩合給から割増賃金を控除する方式で賃金を支払っていました。詳細は省きますが、簡単に言うと本来の歩合給の一部を割増賃金として支払うというものです。

　要するに、歩合給から割増賃金を控除するかたちで支払う形式は、実質は歩合給を割増賃金として支払っているもので、形式的にも実質的にも割増賃金を支払っているとは認められない、というものです。

## 図表1-8　最高裁判所の判断

・歩合給A（売上額から一定の算式で算定）から割増賃金を控除する方法は、割増賃金を必要経費と見た上で、その全額をタクシー乗務員に負担させるに等しく労基法37条の趣旨に違反する

・国際自動車の賃金制度は、その実質において、出来高払制の下で元来は歩合給として支払うことが予定されている賃金を、時間外労働等がある場合には、その一部につき名目のみを割増金に置き換えて支払うこととするものというべきである

・そうすると、本件賃金規則における割増金は、その一部に時間外労働等に対する対価として支払われるものが含まれているとしても、通常の労働時間の賃金である歩合給Aとして支払われるべき部分を相当程度含んでいるものと解さざるを得ない。そして、割増金として支払われる賃金のうちどの部分が時間外労働等に対する対価に当たるかは明らかでないから、本件賃金規則における賃金の定めにつき，通常の労働時間の賃金に当たる部分と労基法37条の定める割増賃金に当たる部分とを判別することはできないこととなる

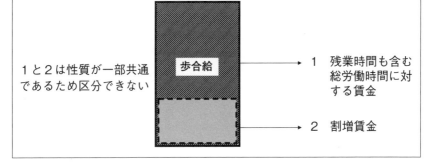

一見するとタクシー会社独自の問題に見えますが、実際には、**V-2**に述べるとおり、この国際自動車事件最高裁判決は、既に、運送業の未払い残業代案件に強烈な影響力を及ぼし始めています。

なお、一審原告側は令和3年3月10日に会見を開き、一審原告の

ドライバー198人の未払い分の残業代などとして、会社側が総額約4億円の和解金を支払うことで合意したことを明らかにしています。単純計算でも、1人あたり約200万円の未払賃金を支払ったことになります。規模の小さいタクシー会社であれば、これだけで倒産してしまうのではないかと思います。

第1章　オール歩合給制度の導入の必要性

# V

# これまでの残業代支払いに関する取組みは限界

　運送業は、未払い残業代請求トラブルを避けるために、これまで様々な取組みをしてきました。具体的には、次の3つが挙げられます。

---

① 歩合給から割増賃金を控除する形で支払う
② 歩合給を割増賃金として支払う
③ いわゆる定額残業代制度により支払う

---

　②の「歩合給を割増賃金として支払う」という方式は、歩合給を前提として、歩合給により計算した金額を割増賃金として支払うものです。

　国際自動車事件最高裁判決では、歩合給から割増賃金を控除して計算する方式（上記①）を否定しました。これは、いわば歩合給を割増賃金に置き換えるものですが、歩合給は時間外労働も含む総労働時間に対する賃金であるところ、割増賃金に通常の労働時間に対する対価が含まれることになります。そうなると、割増賃金とそれ以外を明確に区分することを求める、明確区分性の要件に反することになるのです。

　歩合給から割増賃金を控除する形で支払うということは、歩合給を割増賃金に置き換えて支払っているのと同じことですので、①を否定するということは、②も否定されることにつながるのです。

　つまり、国際自動車事件最高裁判決は、上記①のみならず②を否定するものなのです。

## Ⅴ-1 歩合給を割増賃金として支払う方式は、もう通用しない

　歩合給を割増賃金として支払う方式（上記②）は、給与明細上は「歩合給＋割増賃金」として表示されるので適法に見えますが、実際は歩合給を割増賃金に振り替えているので、これも適法性が問題になります。

**図表1-9**　歩合給を割増賃金として支払う方式の歩合給の構成イメージ

| 歩合給＝売上高×□% | |
|---|---|
| 正味歩合給 | 割増賃金<br>（歩合給×○%） |

　上記のとおり、国際自動車事件最高裁判決（令和2年3月30日）ではこの方式も否定されました。

　したがって、この歩合給を割増賃金として支払う方式は、今後、法的に無効になります。無効と判断された場合、上記の三和交通（歩合給等・付加金）事件判決のようにオール歩合給として計算することで足りるのか、労働基準法施行規則（以下、「労基則」という）19条2項によりいわば基本給と同じように扱われるのかが、問題となります。無用な紛争を避けるためにも、歩合給を割増賃金として支払う方式は、やめるべきです。

## Ⅴ-2 国際自動車事件の影響は、既に他の裁判例に表れている

　例えば、令和3年2月10日（水）の弁護士ドットコムニュースの記事で、「運送会社の『残業代未払い』、満額の計6,200万円支払いで和解　判例も影響か」との見出しで、ある企業の和解事例が紹介さ

れています。

　この会社の当時の給与規定では、残業によって時間外手当や深夜手当などが発生しても、売上に応じた歩合給に相当する「運行時間外手当」の金額を上回った分しか支給されないことになっていました。こうした規定は国際自動車事件最高裁判決と類似しているとして、裁判でその有効性が争われたのです。

　裁判所は、原告側主張を受けて、裁判官が原告に有利な方向で和解を勧めました。その結果、会社側が解決金として請求額の全額となる計約6,200万円を支払うことで、和解をしました。

　これは、実質上記②の歩合給を割増賃金として支払う方式を否定するもので、今後も同様の判断が出ることが予想されます。

## Ⅴ-3　実質オール歩合給の基本給・割増賃金振分け方式もリスクが高い

　よく受ける質問に「実態はオール歩合給ではあるが、オール歩合給で計算した金額を基本給や割増賃金に振り分ける制度は適法なのでしょうか?」、というものがあります。

　この手法はタクシー会社でよく使われるものであり、昔からあるものです。給与明細を見ると、基本給と手当、割増賃金がきちんと支払われているように見えますが、実際はオール歩合給による賃金を基本給、手当、割増賃金に振り分けているだけなのです。そのため、どれだけ時間外労働を行っても、オール歩合給で計算した金額を超えることはありません。

　実は、この方式はなかなか問題になることがありませんでした。給与明細だけを見れば、基本給と手当、割増賃金がきちんと支払われているように見えるため、労基署や弁護士も殊更に問題にすることがなかったのです。ドライバーも、オール歩合給による賃金をもらっていると認識しつつも、結果として想定している金額をもらえればよく、あまり給与明細の内訳などを気にするドライバーはいませんでした。

| 図表 1-10 | 基本給・割増賃金振分け方式の歩合給の構成イメージ |

| 支給総額＝売上高×○% | | |
| --- | --- | --- |
| 基本給 | 残業代 | 歩合給 |

| 支給総額＝売上高×○% | |
| --- | --- |
| 基本給 | 残業代 |

## （1） 実質オール歩合給の基本給・割増賃金振分け方式の有効性が争われた裁判例

　この振分け方式の有効性について争われた裁判例が、先に紹介した三和交通（歩合給等・付加金）事件です。この会社の賃金は、基本給、歩合給、割増賃金で構成され、同社の歩合給は営業収入から足切額を控除したものに歩合率54%を掛けて求める、というものでした。

　ここまでは普通のオール歩合給の制度なのですが、オール歩合給を避けたかったのか、オール歩合給の割増賃金を支払いたくなかったのか、実際はオール歩合給による賃金を基本給と歩合給と割増賃金に振り分けているだけの制度だったのです。

　賃金規定を読むと、実際の計算式はもっと複雑なのですが、簡略化した計算式は以下のとおりです。

賃金＝基本給＋歩合給＋割増賃金
歩合給＝（営業収入－足切額）×歩合率（54%）
足切額＝（基本給＋割増賃金）÷歩合率（54%）
賃金＝基本給＋〔営業収入－（基本給＋割増賃金）÷54%〕×54%＋
　　　割増賃金
　　＝営業収入×54%

足切額が基本給と割増賃金の54％であるため、結局はオール歩合給の範囲で基本給と歩合給と割増賃金を振り分けるという仕組みになります。よく考えたものだと感心します。

## （２）　裁判所は、制度の有効性を否定

　裁判所は、以下のとおりこの仕組み自体が労基法37条の割増賃金の規制を潜脱するものであり、違法であると判断しました。

> 　そもそも、労働基準法37条が、時間外、休日及び深夜の割増賃金の支払を使用者に義務付けた趣旨は、同法の定めた労働時間制を超過する特別な労働に対する労働者への補償を行うとともに、労働時間制の例外をなす時間外・休日労働について割増賃金の経済的負担を使用者に課すことによって、これらの労働を抑制し、もって、労働時間制の原則の維持を図ろうとする趣旨に出たものである……。
>
> 　ところが、前記認定（著者注：本書では掲載省略）のとおり、被告の賃金規定の定めは、被告において自認するようにその実質においていわゆる完全歩合制であって、その規定上、時間外・深夜手当や歩合割増給を支給するものとはされているものの、結局その増額分は被告の定めた算定方法の過程においてその効果を相殺される結果、被告の支給する賃金は、原告らが時間外及び深夜の労働を行った場合において、そのことによって増額されるものではなく、場合によっては歩合給が減額することすらありうる。そうすると、その実質において法37条の趣旨を潜脱するものとして、その全体を通じて同条に違反するといわざるを得ず、被告の賃金の支給によって、原告らに対して法37条の規定する時間外及び深夜の割増賃金が支払われたとすることは困難なものというべきである。そして、被告の賃金規定の実質はいわゆる完全歩合制を趣旨とするものであり、証拠上窺われる経緯から原告らと被告もそのように理解していたと解されること等にも照らすと、本件においては、営収に54％ないし55％を乗じた支給金額を、法37条1項所定の「通常の労働時間又は労働日の賃金」に当たるものと解するのが相当である。

要するに、労基法37条の割増賃金の規制は、割増賃金を使用者に支払わせることで、①時間外労働を行った労働者に報いるとともに、②使用者に割増賃金の負担を負わせることにより時間外労働を抑制させる趣旨であるところ、オール歩合給による賃金の中で基本給等を振り分ける仕組みは、結局どれだけ時間外労働を行っても、オール歩合給の金額を超えることがないため（いくら残業をしてもドライバーの賃金はオール歩合給による金額を超えることはない）、上記①②の趣旨を充たさないからです。

## （3）　オール歩合給制そのものは否定されていない

　もっとも、会社は敗訴しつつも、裁判所は以下のとおり、オール歩合給制度による計算を認めています。

> …具体的には別紙5の1ないし別紙5の4「時間外時間」欄及び「深夜時間」欄（著者注：本書では掲載省略）記載の原告らの時間外及び深夜の労働について、法37条及び労働基準法施行規則19条1項6号の規定に従って計算した額の割増賃金を支払う義務があることになる。
> 　なお、割増賃金の算定方法について、原告らは、その一部が無効であるから、算定計算式の無効部分を排除して算定すべきと主張するが、前記のとおり、被告と原告らとの間の雇用契約締結・更新の経緯から窺われる当事者の合理的意思に照らすと、被告の賃金は結局のところ完全歩合給制と解するべきものであるから、これを前提として時間外・割増賃金を算定することが相当であり、原告らの主張は採用できない。

　そのため、実質オール歩合給の基本給・割増賃金振分け方式が違法と判断されても、オール歩合給制度により計算されることになるので、高額の未払い残業代が発生するリスクは低いとも思えます。一方、この判断を他の裁判所が採用するとも限らず、オール歩合給制度自体を認めないと判断する可能性があります。

労基則19条2項は、次のように定めています。

---

**第19条**

（中略）

⑥　出来高払制その他の請負制によって定められた賃金については、その賃金算定期間（賃金締切日がある場合には、賃金締切期間、以下同じ）において出来高払制その他の請負制によって計算された賃金の総額を当該賃金算定期間における、総労働時間数で除した金額

⑦　労働者の受ける賃金が前各号の二以上の賃金よりなる場合には、その部分について各号によってそれぞれ算定した金額の合計額

2　休日手当その他前項各号に含まれない賃金は、前項の計算においては、これを月によって定められた賃金とみなす。

---

　つまり、労基則19条1項6号の出来高給該当性が否定された場合、オール歩合給により計算した賃金は、すべて「月によって定められた賃金」、すなわち基本給と同様に割増賃金の基礎に入る場合もあり得ます。そうなると莫大な割増賃金が発生することになり、経営に与える影響は甚大なものとなります。

　実質オール歩合給の基本給・割増賃金振分け方式は、避けるべきです。

 **定額残業代制度も無効と判断されるおそれが強い**

　定額残業代制度はどうでしょうか。

　イクヌーザ事件（東京高裁平成30年10月4日判決）は「実際には、長時間の時間外労働を恒常的に労働者に行わせることを予定していたわけではないことを示す特段の事情が認められる場合はさておき、通常は、基本給のうちの一定額を月間80時間分相当の時間外労働に対する割増賃金とすることは、公序良俗に違反するものとして無

効とすることが相当である。」と判断しており、80時間などの長時間労働を前提とする定額残業代制度は無効と判断されるおそれが強くなります。

一方、月45時間の残業時間を前提とする定額残業代制度であれば、長時間労働を前提とするとはいえず、有効になる余地があるのですが、実際の運送業における長時間労働の残業代との差額を精算しないと、定額残業代制度そのものの実態がないとして無効となる可能性が高くなります（日本ケミカル事件：最高裁平成30年7月19日判決）。

また、実際の残業代と定額残業代との差額を精算することは当然行われるべきことではありますが、そうなると効率の悪いドライバーが効率の良いドライバーよりも高い賃金を得ることができてしまい、運送業で差額精算をしている事例は残念ながら少ないです。

となると、やはりこれまでの①歩合給から残業代を控除する形で支払う、②歩合給を残業代として支払う、③いわゆる定額残業代制度により支払うという取組み3つの取組みは既に限界に来ているのではないかと思います。

# Ⅵ

# 解決策は
# オール歩合給制度しかない

　国際自動車事件最高裁判決以降、私は「このままでは運送業は延々
と訴訟を起こされ続け、倒産が相次いでしまう」と悶々としていまし
た。なかなか解決策を思いつきませんでしたが、半年を経過した頃、
あることに気づきました。

　思い返してみると、私の弁護士登録から18年間が経過し、様々な
未払い残業代請求事件を担当してきましたが、オール歩合給制度を採
用している会社が訴えられた、請求を受けたという事案は一つもな
かったのです。

　これは、偶然かもしれません。オール歩合給制度を正面から採用し
ている会社が年々減少しているからなのかもしれません。しかしこれ
が偶然ではないとすれば、やはり労働者から相談を受けた弁護士が、
相談段階でオール歩合給制度を採用している会社の事件の受任を敢え
て控えたからなのかもしれません。

　その後、オール歩合給制度についていろいろ調べたり考えたりして
いますが、調べれば調べるほど、解決策はオール歩合給制度しかない
のではないかとの考えを強くしています。

## Ⅵ-1　オール歩合給制度により劇的に減る割増賃金

　オール歩合給制度であれば、割増賃金は次の計算式により計算する
（労基則19条1項6号）ため、かなり抑えることができます。

> 割増賃金の額＝
> 歩合給÷算定期間における総労働時間×割増率（22時までの法定時間外労働であれば0.25）×残業時間

　つまり、時間外労働の割増賃金を除いた部分が歩合給によって支払われていると計算するのです。これは、会社にとって非常にありがたい制度です。具体的な計算で発生する未払い賃金の額を比較してみましょう。


**【月平均所定労働時間170時間、月給35万円、時間外労働時間100時間（深夜労働・法定休日労働はなし）で何ら割増賃金を支払っていない場合】**

35万円÷170時間×100×1.25＝25万7,352円

（24カ月分）

25万7,352円×24カ月＝617万6,470円


**【月平均所定労働時間170時間、（歩合計算の結果）月給35万円、時間外労働時間100時間（深夜労働・法定休日労働はなし）で何ら割増賃金を支払っていない場合】**

35万円÷（170＋100）時間×100×0.25＝3万2,407円（！）

（24カ月分）

3万2,407円×24カ月＝77万7,768円


　単純比較はできませんが、同じ労働時間でも仕組みが異なれば割増賃金の額が約13％に低くなるのです。未払いの割増賃金が月3万2,407円であるとして、仮にこれを支払わなかった場合、弁護士がこの従業員の依頼を引き受けるでしょうか。引き受ける弁護士はごく少数でしょう。仕事として赤字になってしまうからです。

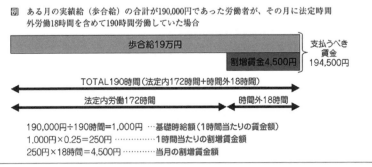

◆ *歩合給制（実績給）の割増賃金計算*

　歩合給制とは「出来高払制」「請負給制」ともいい、「売上げに対して○％、契約成立1件に対して○円」といった一定の成果に対して定められた金額を支払う賃金制度のことです。歩合給制であっても法定労働時間を超えて労働した場合は、その部分について割増賃金が必要です。
　歩合給制の場合は、歩合給の額を総労働時間で割って1時間あたりの賃金を計算します。

　例　ある月の実績給（歩合給）の合計が190,000円であった労働者が、その月に法定時間外労働18時間を含めて190時間労働していた場合

歩合給19万円　　　　　　　　　　　支払うべき賃金 194,500円
割増賃金4,500円

TOTAL190時間（法定内172時間＋時間外18時間）
法定内労働172時間　　　時間外18時間

190,000円÷190時間＝1,000円 …基礎時給額（1時間当たりの賃金額）
1,000円×0.25＝250円 …………1時間当たりの割増賃金額
250円×18時間＝4,500円 ………当月の割増賃金額

（出典）東京労働局『しっかりマスター労働基準法 割増賃金編』

# Ⅵ-2　オール歩合給制度で未払い残業代が争われるとどうなるか

　前出三和交通（歩合給等・付加金）事件では、結局オール歩合給制度を前提として計算することになり、労働時間の割にはかなり低めの割増賃金になりました。

　具体的には、原告4名が（判決文から明確ではありませんが）2年分の割増賃金を請求しましたが、原告のうち、1名は約117万円の請求が認められましたが、他3名は100万円未満の請求しか認められませんでした（次ページ**図表1-12**）。運送業の未払い残業代請求においては、1人あたり2年分で300万円から400万円程度の請求が認められることがよくありますので、それに比べれば大幅に低い額ということがわかると思います。

**図表1-12** 三和交通（歩合給等・付加金）事件

| 原告 | 請求額 | 認容額 |
|---|---|---|
| 1 | 164万4,565円 | 117万2,816円 |
| 2 | 28万6,827円 | 8万4,678円 |
| 3 | 105万1,857円 | 79万9,902円 |
| 4 | 136万4,313円 | 94万6,637円 |
| 合計 | 434万7,562円 | 300万4,033円 |

## VI-3 「オール歩合給制度は違法」は都市伝説

　オール歩合給制は、違法ではありません。違法であるとする何の法的根拠もありません（あるなら教えてほしいです）。

　上記三和交通（歩合給等・付加金）事件判決においても、会社は敗訴しつつも、裁判所はオール歩合給制度による計算を認めています。オール歩合給制度自体は適法であることを認めています。

　結局、使用者の理解が曖昧なまま、根拠不明のまま勝手にオール歩合給制度を使わないように自粛をしていただけではないかと思います。

# VII

# 日本版「同一労働同一賃金」対応としても有用

## VII-1 運送業では均衡・均等待遇が争われる可能性が高い

### （1）日本版「同一労働同一賃金」とは

　日本版「同一労働同一賃金」とは、同一企業におけるいわゆる正規雇用労働者（無期雇用フルタイム労働者）と非正規雇用労働者（有期雇用労働者、パートタイム労働者、派遣労働者）との間の不合理な待遇差の解消を目指すものです。同一企業における正規雇用労働者と非正規雇用労働者との間の不合理な待遇差の解消の取組みを通じて、どのような雇用形態を選択しても納得感のある処遇を受けられ、多様な働き方を自由に選択できるようにすることを目指しています。

　日本版「同一労働同一賃金」には、以下の「均衡待遇」と「均等待遇」の2つの内容があります。

---

●均衡待遇
→　①職務内容<sup>(注)</sup>、②職務内容・配置の変更範囲、③その他の事情を考慮して不合理な待遇差を禁止
●均等待遇
→　①職務内容<sup>(注)</sup>、②職務内容・配置の変更範囲が同じ場合は差別的取扱いを禁止
（注）職務内容とは、業務の内容＋責任の程度をいいます。

---

　簡単に説明すると、「均衡待遇」はその名のとおり正規雇用労働者と非正規雇用労働者との間のバランスを取ることを求め、不合理な格

差を禁止するものです。一方「均等待遇」とは、業務の内容や責任、転勤の範囲が同じであれば、正規雇用労働者の賃金等を非正規雇用労働者にも同じように支払わなければいけないというものです。

## （２）未だ事例がない均等待遇違反

　令和２年４月１日から大企業において、令和３年４月１日からは中小企業において、パート・有期法９条が施行されました。改正前のパートタイム労働法はパートタイマーのみを対象として均等待遇違反を問題としており、パートタイマーのうちに正社員と同じ職務や同じ配置の変更の範囲である労働者はほとんどいなかったため、実務上問題になることはありませんでした。

　ところが、パート・有期法９条によりフルタイムの有期雇用労働者も均等待遇違反の対象となりました。今後は、フルタイム有期雇用労働者の均等待遇違反が問題になることが増えるでしょう。

## （３）フルタイム有期雇用ドライバーとの間で均等待遇違反が問題となる可能性

　運送業のドライバーは自動車を運転して荷物を運ぶことが仕事であり、正社員も期間雇用もその内容に違いはありません。正社員に転勤や職種変更があることも大企業の一部の場合に限られ、非常に稀です。

　にもかかわらず、未だにフルタイム有期雇用ドライバーは時給制で正社員よりも賃金水準が低く、手当もつかず賞与もない、というケースがあります。今後は、フルタイム有期雇用ドライバーとの間で均等待遇違反が問題になることが増えることが考えられます。均等待遇違反とならないようにするには、正社員と同じ賃金を支払わなければならなくなるでしょう。

## （４）定年後再雇用者との間で均等待遇違反が問題となる可能性

　また、正社員と期間雇用の定年後再雇用の運転手との間で均等待遇

違反が問題になることも増えるでしょう。

　多くの運送会社では、定年後再雇用において定年前の正社員時代よりも賃金を減らして期間雇用契約を結んでいます。しかし、実際に定年後再雇用において職務内容や配置の変更範囲が変わることはほとんどなく、同じような荷物を同じように運んでいるケースが大半です。

　そのため、定年後再雇用ドライバーが「正社員時代と同じ賃金を支払え」と、均等待遇違反を訴える事例が増えると考えられます。

## （5）均衡待遇違反も引き続き問題となり得る

　実は、運送業の均衡待遇違反については最高裁判例があり（長澤運輸事件判決、ハマキョウレックス事件）、一定の結論が出ています。以下に概要を簡単にまとめます。

---

・賃金項目ごとに不合理な差異であるか否かを判断する
・賃金項目の目的や趣旨に照らして、不合理といえるか否かを判断する
・ハマキョウレックス事件では、
　無事故手当、作業手当、給食手当、通勤手当、皆勤手当の非正規雇用労働者に対する不支給が違法と判断された。同じドライバーの仕事をしている非正規雇用労働者にも賃金項目の目的や趣旨があてはまる、もしくはそもそも賃金項目の趣旨が不明であったと判断された
・長澤運輸事件では、
　精勤手当、超勤手当の定年後再雇用者に対する不支給のみが違法と判断され、能率給および職務給、役付手当、住宅手当、家族手当、賞与についての不支給は適法と判断された
　これは賃金項目の目的や趣旨に照らして判断したものであったが、既に現役の正社員を終え、これまで福利厚生を受けていたことから、定年後再雇用においては正社員時の福利厚生を継続する

---

必要性が低いこと、60歳以降段階的ではあるものの老齢厚生年金を受給されることが予定されていたこと、全体の賃金水準が正社員時の約8割弱であり、比較的大きな差異がなかったこと、歩合給の割合を多めにして収入アップの機会を定年後再雇用においても与えていたことも理由となった

　そのため、同じような荷物を同じように運んでいるにもかかわらず定年後再雇用において精勤手当などの正社員の手当などをすべて不支給にし、賃金水準も正社員よりも低く抑えている場合は、定年後再雇用ドライバーとの間で均衡待遇違反でも争いになることが増えると思われます。

## Ⅶ-2 運送業の日本版「同一労働同一賃金」問題は定年延長＋オール歩合給制度の導入により解決可能

　このように、運送業では未払い残業代リスクだけでなく、フルタイム有期雇用ドライバーや定年後再雇用ドライバーの待遇をめぐって争いになるリスクもあります。これが、運送業の日本版「同一労働同一賃金」問題です。

　では、この問題はどのように解決したらよいのでしょうか。

　定年延長により定年後再雇用ドライバーと争いになるリスクを回避しつつ、賃金制度をオール歩合給制度に変更し、正社員のみならず期間雇用にもオール歩合給制度を適用することでフルタイム有期雇用ドライバーと争いになるリスクを回避することで、抜本的な解決を図ることができると考えられます。

### （1）定年後再雇用をそもそもなくす

　定年延長をすることで、定年後再雇用が不要になります。現在の高年齢者雇用安定法は65歳までの雇用確保措置を求めており、65歳までの定年を設定すれば、定年後再雇用がそもそも不要になります。

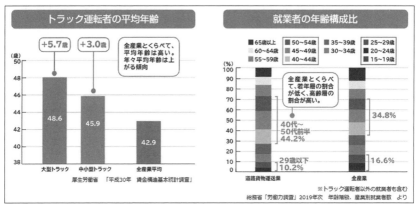

**図表1-13　トラックドライバーの年齢**

（出典）厚生労働省「トラック運転者の長時間労働改善
に向けたポータルサイト」

定年後再雇用がなくなれば、日本版「同一労働同一賃金」問題も起きません。

　他産業に比べると運送業は高年齢者が多く、労働者の中にも60歳以降の就労を希望する人は多いため、検討に値する解決策と思われます。

## （2）期間雇用もオール歩合給制度に統一する

　期間雇用にも正社員と同様にオール歩合給制度を適用すれば、日本版同一労働同一賃金は問題になりません。同じ制度を適用している以上、相違がなくなるからです。

　ガイドライン（「短時間・有期雇用労働者及び派遣労働者に対する不合理な待遇の禁止等に関する指針」）においても「この指針は、当該通常の労働者と短時間・有期雇用労働者及び派遣労働者との間に実際に待遇の相違が存在する場合に参照されることを目的としている。このため、そもそも客観的にみて待遇の相違が存在しない場合については、この指針の対象ではない」との記載があり、これを裏付けてい

ます。

　一方、定年後再雇用をなくすことにより期間雇用の賃金が上昇し、人件費の負担が上がるかもしれませんが、人手不足が深刻な運送業では、いずれ正社員よりも低い労働条件でドライバーを雇用することは難しくなると思われます。現に統計からは、運送業における正社員と期間雇用の割合を比較すると、全産業に比べて正社員割合が高いという実態があります（図表1-14）。具体的にいうと、令和元年の産業別の正社員・正社員以外の労働者割合は、全産業では正社員比率が61.9％であるのに対して、運輸・郵便業では68％となっています。

　日本版「同一労働同一賃金」の観点のみならず、人材確保の面からも、正社員と同じ賃金の仕組みで雇用しないと人材を確保できない時代がすぐそこまで来ています。

**図表1-14**　産業別非正規雇用労働者の割合（令和元年）

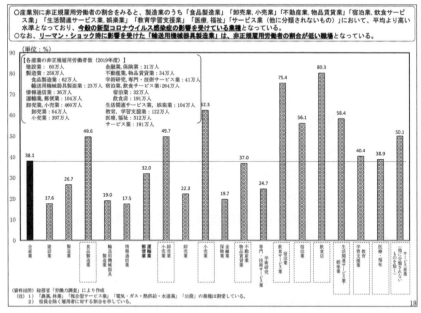

（出典）令和2年10月23日厚生労働省職業安定局雇用政策課「足下の雇用・失業情勢や働き方等の変化について」

**定年延長＋オール歩合給制度導入と労働条件不利益変更問題**

## （1）定年延長＋オール歩合給制度導入でも不利益変更に当たる可能性あり

詳しくは第2章で述べますが、オール歩合給制の導入により賃金がこれまでより減少する場合、それは労働条件の不利益変更に該当します。

定年延長により60歳以降の雇用が安定しますので、不利益変更にはならないのではないかとの疑問も湧きますが、労働条件の一部がこれまでよりも不利益に変更するのであれば、不利益変更に該当することになります。

## （2）参考になる最高裁判例

日本版「同一労働同一賃金」に対応するために、定年延長を行いオール歩合給制度の導入を行って労働条件の不利益変更が生じたケースに関する裁判例は、ありません。

もっとも、55歳定年から定年延長を図る一方で55歳以降の賃金を削減したことについて争われた、第四銀行事件判決（最高裁平成9年2月28日）があります。定年延長という点は同じで、オール歩合給制度の導入という点では異なりますが、既存の賃金よりも賃金が減少してしまう（可能性がある）という点は同じです。

そこで、第四銀行事件最高裁判決に定年延長＋オール歩合給制度導入をあてはめて考えてみたいと思います。

## （3）第四銀行事件とは

銀行が、就業規則を変更して55歳定年（ただし、58歳までの定年後在職制度あり）から60歳へと延長するとともに賃金制度も変更しました。この変更により、労働者は、従前の58歳までの定年後在職制度の下で期待することができた賃金を、60歳まで勤務しなければ得られなくなる等、労働条件に実質的な不利益を被るに至ったとし

て、就業規則の不利益変更の効力が争われた事件です。

## （4）第四銀行事件最高裁判決の内容

　　裁判所は以下のように判断し、変更の合理性を認めました。

・定年延長を行う高度の必要性があった
・定年延長に伴う人件費の増大等を抑え
　る経営上の必要から、従前の定年であ
　る55歳以降の賃金水準等を変更する
　必要性も高度なものであった
・円滑な定年延長の導入の必要等から、
　従前の定年である55歳以降の労働条
　件のみを修正したこともやむを得ない

> 労働条件の変更の
> 必要性　→　あり

・従前の55歳以降の労働条件は既得の
　権利とまではいえない

> 労働者の受ける
> 不利益の程度　→　低

・変更後の55歳以降の労働条件の内容
　は、多くの地方銀行の例とほぼ同様の
　態様である
・変更後の賃金水準も、他行の賃金水準
　や社会一般の賃金水準と比較してかな
　り高い
・定年が延長されたことは、女子行員や
　健康上支障のある男子行員にとって
　は、明らかな労働条件の改善である

> 変更後の内容の
> 相当性　→　あり

・福利厚生制度の適用延長や拡充等の措
　置が採られている
・就業規則の変更は、行員の約90パー
　セントで組織されている組合との合意
　を経て労働協約を締結したうえで行わ
　れたものである

> 労働組合等との交
> 渉の状況その他の
> 就業規則の変更に
> 係る事情

## （5）定年延長＋オール歩合給制度の導入による労働条件不利益変更へのあてはめ

　そこで、定年延長＋オール歩合給制度の導入により労働条件の不利益変更が問題になったと仮定して、不利益変更が有効と判断される可能性を、第四銀行事件最高裁判決にあてはめて考えてみます。想定する事例は、以下のとおりです。

---

・正社員 100 名、定年後再雇用者 15 名の運送会社
・60 歳定年
・正社員の賃金を固定給＋歩合給からオール歩合給制度に変更するとともに、定年を 65 歳に延長
・98 名の正社員と 15 名の定年後再雇用者が不利益変更の同意書にサインしたが、正社員 2 名はこれに反対し、不利益変更の同意書にサインをしなかった
・オール歩合給制度の導入と定年延長により、人件費の総額は若干増額。また、従業員の平均賃金は、業界同種平均賃金水準と同水準かこれをやや上回るものであった
・定年延長を機に、これまで定年後再雇用者には適用していなかった福利厚生制度を全員に適用

---

| 第四銀行事件最高裁判決 | | 事　例 |
|---|---|---|
| ・定年延長の高度の必要性があった | ➡ | 法律上65歳までの定年延長は必要とされていないが、定年後再雇用者の処遇を日本版同一労働同一賃金に対応して変える必要性があった |
| ・定年延長に伴う人件費の増大等を抑える経営上の必要から、従前の定年である55歳以降の賃金水準等を変更する必要性も高度なものであった | ➡ | 人件費の抑制が目的ではないが、限られた人件費を分配するためには賃金制度を変える経営上の必要性があった |
| ・円滑な定年延長の導入の必要等から、従前の定年である55歳以降の労働条件のみを修正したこともやむを得ない | ➡ | 正社員の待遇全体も変更しているため、特定の世代に不利益になるような変更ではない（第四銀行事件より会社に有利な事情） |
| ・従前の55歳以降の労働条件は既得の権利とまではいえない | ➡ | 60歳以降の従業員については、定年が延長され、時間給制からオール歩合給制度導入により労働条件を引き上げている（第四銀行事件より会社に有利な事情） |
| ・変更後の55歳以降の労働条件の内容は、多くの地方銀行の例とほぼ同様の態様である | ➡ | 定年延長＋オール歩合給制度導入を行えば、多くの平均的な運送会社の定年後再雇用者と同じかそれを上回る待遇になる（第四銀行事件より会社に有利な事情） |
| ・変更後の賃金水準も、他行の賃金水準や社会一般の賃金水準と比較して、かなり高い | ➡ | 正社員の賃金制度をオール歩合給制度に変更したとしても、多くの平均的な運送会社の賃金水準を下回ることはない |
| ・定年が延長されたことは、女子行員や健康上支障のある男子行員にとっては、明らかな労働条件の改善である | ➡ | 定年延長は多くの従業員にとって明らかな労働条件の改善である（第四銀行事件と同様の事情） |
| ・福利厚生制度の適用延長や拡充等の措置が採られている | ➡ | 定年延長に併せ福利厚生制度の適用延長が採られた（第四銀行事件と同様の事情） |
| ・就業規則の変更は、行員の約90パーセントで組織されている組合との合意を経て労働協約を締結したうえで行われたものである | ➡ | 98%の正社員が同意をしてくれた（第四銀行事件より会社に有利な事情） |

いかがでしょうか。事例は、多くが「第四銀行事件より会社に有利な事情」、「第四銀行と同様の事情」といえるため、訴訟で争われても会社が勝訴する可能性がある内容になっています。

　争い事はないに越したことはありませんが、人間は変化を嫌う傾向があり、特にオール歩合給制度への変更は不安や反発を招く可能性があります。十分な説明を行うことに加え、万が一紛争になった場合に備えて変更の合理性の有無を検証しておく必要があります。

　このように、オール歩合給制導入にあたっては、クリアすべきハードルがいくつか登場しますので、次の章では、導入するためにどんなことをする必要があるかをお話しします。

第2章

---

# オール歩合給制度導入のために何をすればよいか

# I

# 労働条件の不利益変更問題
# への対応

## I-1 ほとんどの場合、オール歩合給制度導入は労働条件の不利益変更に当たる（賃金減額の可能性のみで不利益変更に該当する）

　オール歩合給制度を導入する場合、そもそも労働条件の不利益変更に当たるか否かが問題になります。オール歩合給制度に変更することで賃金が上がる可能性もあるからです。

　この点については、過去の裁判例で事実上の決着がついています。つまり、「賃金減額の可能性」のみで不利益変更に該当すると判断されるのです。

　下記ノイズ研究所事件（東京高裁平成18年6月22日判決）では、会社が年功型賃金制度から成果主義型賃金制度へと制度変更を行い、変更後はむしろ変更前よりも人件費が増加しましたが、成果主義型賃金制度にもとづいて降格となれば賃金減額となる可能性があることから、制度変更は不利益変更に当たると判断しています。

---

　本件給与規程等の変更は、年功序列型の賃金制度を上記のとおり人事考課査定に基づく成果主義型の賃金制度に変更するものであり、新賃金制度の下では、従業員の従事する職務の格付けが旧賃金制度の下で支給されていた賃金額に対応する職務の格付けよりも低かった場合や、その後の人事考課査定の結果従業員が降格された場合には、旧賃金制度の下で支給されていた賃金額より顕著に減少した賃金額が支給されることとなる可能性があること、以上のとおり認めることができる。本件給与規程等の変更による本件賃金制度の変更は、上記の可能性が存在する点において、就業規則の不利益変更に当たるものというべきである。

控訴人は、新賃金制度が、年功序列型賃金制度から脱却し、仕事に対して対価を決定する職務給制度と業績貢献度に見合った成果主義を取り入れることを基本とするものであり、賃金減額による経費削減を企図したものではなく、賃金総額が増加していることなどを総合してみれば、本件賃金制度の変更は就業規則の不利益変更には該当しないと主張するが、本件給与規程等の変更による本件賃金制度の変更が就業規則の不利益変更に当たることは上記のとおりである。控訴人の上記主張は採用することができない。

　つまり、固定給制度からオール歩合給制度への変更は、労働条件の不利益変更に該当することになります。

## I-2 労働条件の不利益変更には原則として 労働者個人の同意が必要

　労働条件の不利益変更を行う場合は、適用対象となる労働者の同意が必要となります（労働契約法9条）。しかも、一人ひとりの同意が必要となり、従業員代表の同意では足りません。労働組合がある場合は、労働組合員については労働組合と合意することで足ります（例外もありますが、ここでは割愛します）。

●労働契約法9条

（就業規則による労働契約の内容の変更）
第9条　使用者は、労働者と合意することなく、就業規則を変更することにより、労働者の不利益に労働契約の内容である労働条件を変更することはできない。ただし、次条の場合は、この限りでない。

　この同意の方法にも、様々な種類があります。一つは、口頭による同意です。変更内容や変更による影響等を説明して「はいわかりまし

た」と口頭で返事をもらえれば、口頭による同意があったといえます。

　しかし、実務上は口頭での同意があっただけでは足りず、書面による同意が必要とされます。口頭による同意では、説明された内容を理解したという意味での「わかりました」なのか、変更による影響を理解し、それを受け入れる意味での「わかりました」なのかが不明で、同意の内容が曖昧となり、かつ同意があったことを証明することが難しいからです。

　そのため、従業員一人ひとりが労働条件の不利益変更について同意書にサインをすることが必要になります。

## Ⅰ-3　同意書

　同意書の有効性は、非常に厄介な問題です。以下に示す山梨県民信用組合事件最高裁判決（最高裁平成 28 年 2 月 19 日）以降、不利益変更の同意が容易に認められなくなりました。

> 　単に同意書への署名押印の有無だけではなく、不利益の内容・程度、労働者により署名押印がされるに至った経緯やその態様、労働者への情報提供、説明の内容等に照らして、その署名押印が労働者の自由な意思に基づいてされたものと認めるに足りる合理的な理由が客観的に存在するか否かという観点からも、判断されるべきである。

　同意書に労働者のサインがあるというだけでは足りず、同意書で不利益の内容・程度を示さなければならないので、同意書に歩合率を書くだけでは不十分ということになります。

　そのため、ビフォーアフターがわかる同意書（62 ページ**図表 2-1**）の作成例を示しましたが、これも一例に過ぎません。

　一方で、オール歩合給制度への変更である以上、労働者にとって不

*60*

第 2 章　オール歩合給制度導入のために何をすればよいか

利益なこともあり得ることは常識的にわかりますので、何パターンかのシミュレーションを示して資料として渡し、説明内容を録音して同意書を取るしかないと思われます。つまり、山梨県民信用組合事件最高裁判決は、具体的な不利益の内容をどの程度具体的に説明して、理解してもらおうとする努力をしたかを問題にしていますので、説明会の様子を録音する必要があります。

## 図表2-1　同意書の作成例

同　意　書

1　私は、株式会社○○代表取締役○○○○氏より、私の賃金が○年○月○日から以下のとおり改定されることについて説明を受け、同意いたします。

2　改定の理由についても○○○であることについて説明を受け（規定の変更内容については別紙（編注：掲載省略）のとおり）、同意いたします。

| 改　定　前 | | 改　定　後<br>（下記賃金になるとは限らず、あくまで一例です。オール歩合給制度（通勤手当を除きます）） | |
|---|---|---|---|
| 基　本　給 | １７０，０００円 | 歩　合　給<br>（前月16日から当月15日までの運賃収入×35％） | ２８０，０００円<br>（運賃収入を80万円とした場合） |
| その他の手当<br>（愛車手当、無事故手当等） | ３０，０００円 | 割増賃金<br>（80時間の時間外労働があった場合） | ２２，４００円 |
| 定額残業代<br>（80時間分の時間外手当相当） | １１７，６００円 | 通勤手当 | １０，０００円 |
| 通勤手当 | １０，０００円 | 総支給額 | ３１２，４００円 |
| 総支給額 | ３２７，０００円 | ＊保障給 | 時間あたり過去3カ月の通常賃金の6割 |

3　経過措置として、○年○月○日から○年○月○日において以下の経過措置となることについて、了解しました。
①　オール歩合給制度に基づいて計算された合計額が旧制度の賃金の合計額以上の場合は、3カ月目もオール歩合給制度に基づいて計算された金額が支払われる。
②　オール歩合給制度に基づいて計算された合計額が旧制度の賃金の合計額を下回る場合は、3カ月目はオール歩合給制度に基づいて計算された金額に加えて、3カ月間のオール歩合給制度に基づいて計算された合計額と旧制度の賃金の合計額との差額が臨時の賃金として支払われる。

　上記のとおり説明を受け、その内容について承諾いたしましたので、本同意書に署名いたします。

　　年　　　月　　　日
株式会社○○
　代表取締役　　○○○○　殿

　　　　　　　　　　　　　　　住所：＿＿＿＿＿＿＿＿＿＿

　　　　　　　　　　　　　　　氏名：＿＿＿＿＿＿＿＿＿＿

## 図表2-2　通知書の作成例

通　知　書

○○○○　殿

年　　　月　　　日
株式会社○○

　新賃金規程に基づき、○年○月○日支払い分から、貴殿の賃金を下記内容に変更させていただきます。

1　月例賃金

<table>
<tr><td rowspan="2" colspan="2">改　定　前</td><td colspan="2">改　定　後<br>（下記賃金になるとは限らず、あくまで一例です。オール歩合給制度（通勤手当を除きます））</td></tr>
<tr><td>歩　合　給<br>（前月16日から当月15日までの運賃収入×35％）</td><td>２８０，０００円<br>（運賃収入を80万円とした場合）</td></tr>
<tr><td>基　本　給</td><td>１７０，０００円</td><td>割増賃金<br>（80時間の時間外労働があった場合）</td><td>２２，４００円</td></tr>
<tr><td>その他の手当<br>（愛車手当、無事故手当等）</td><td>３０，０００円</td><td>通勤手当</td><td>１０，０００円</td></tr>
<tr><td>定額残業代<br>（80時間分の時間外手当相当）</td><td>１１７，６００円</td><td>総支給額</td><td>３１２，４００円</td></tr>
<tr><td>通勤手当</td><td>１０，０００円</td><td rowspan="2">＊保障給</td><td rowspan="2">時間あたり過去3カ月の通常賃金の6割</td></tr>
<tr><td>総支給額</td><td>３２７，０００円</td></tr>
</table>

2　経過措置
　新賃金制度導入により不利益を生じた場合、○年○月○日から○年○月○日において以下の経過措置を講じます。
　① 　オール歩合給制度に基づいて計算された合計額が旧制度の賃金の合計額以上の場合は、3カ月目もオール歩合給制度に基づいて計算された金額が支払われる。
　② 　オール歩合給制度に基づいて計算された合計額が旧制度の賃金の合計額を下回る場合は、3カ月目はオール歩合給制度に基づいて計算された金額に加えて、3カ月間のオール歩合給制度に基づいて計算された合計額と旧制度の賃金の合計額との差額が臨時の賃金として支払われる。

3　その他
　経営環境、業績の激変や勤務成績の著しい不良等があった場合は、上記内容が変更されることがあります。

以上

Ⅰ　労働条件の不利益変更問題への対応

# Ⅱ

# 労働者から同意を得るための
# 説明のしかた

## Ⅱ-1 具体的な必要性を説明しなければならない

　オール歩合給制度を導入するのであれば、何のために導入するのか
を従業員に説明し、同意を得られるようにしなければなりません。
「会社の人件費削減のため」などという理由では、経営破綻の危機に
陥っているなど、よほど高度の必要性がない限り従業員は納得できな
いでしょう。退職者が大量に出て、不満から未払い残業代請求問題を
引き起こす可能性もあります。

　また、この説明内容が後に不利益変更の有効性に影響を与えますの
で、具体的な必要性を説明しなければなりません。

　そこでどのように説明するかですが、労働生産性向上・労働時間短
縮による長時間労働問題の解消と第1章Ⅶで述べた運送業の日本版
「同一労働同一賃金」対応を理由とするのが一策です。

## Ⅱ-2 労働生産性向上・労働時間短縮を図る必要性から説明する

　オール歩合給制度と言っても、最終的には時給で計算するので、労
働時間と支給額はある程度比例します。しかし、次の計算例のとお
り、同じ時間でより大きな成果を挙げたほうが時給単価が高くなりま
すので、より短い時間で仕事をする労働者が報われる制度になりま
す。

●30万円の歩合を総労働時間250時間（月の所定労働時間170時間）
で稼いだ場合

時間単価：30万円÷250時間＝1,200円

割増賃金：1,200円×80時間×0.25＝24,000円

総支給額：30万円＋2万4,000円＝32万4,000円

●33万円の歩合を総労働時間250時間（月の所定労働時間170時間）
で稼いだ場合

時間単価：33万円÷250時間＝1,320円

割増賃金：1,320円×80時間×0.25＝26,400円

総支給額：33万円＋2万6,400円＝35万6,400円

　一方で、総労働時間の抑制も必要です。令和6年4月1日から運送業にも労働時間の上限規制が適用されるため、年間法定時間外労働は960時間以内に収めなければなりません（次ページ　**図表2-3**）。これに違反した場合は刑事罰を科される可能性があります。「自動車運転者の労働時間等の改善のための基準」（以下、「改善基準告示」という）の見直しも進められており、この時間内に収める必要があります。

　労働時間を短縮して、売上や利益が減ってしまっては経営が立ち行かなくなりますから、会社としては、経営存続のため、より短い時間で仕事をする労働者が報われる制度に変更する必要がある、と説明することとなります。どのような働き方をすればよいかを示すことで、より短い時間で仕事をする動機付けにします。

## Ⅱ-3　人材確保を目的とした定年延長の必要性から説明する

　厚生労働省『令和2年度賃金構造基本統計調査』によると　令和2年度のトラックドライバーの平均年齢は中小型トラックで46.4歳、大型トラックで49.4歳といずれも全産業平均の43.2歳を大きく上

## 図表2-3　時間外労働時間の上限規制と改善基準告示（現行）

| | | 時間外労働の上限規制 | | トラックの改善基準告示 | |
|---|---|---|---|---|---|
| | | 一般則 | 自動車運転業務（5年猶予後） | 拘束時間 | 時間外労働 |
| 法定労働時間 | 1日 | 8時間 | 8時間 | − | − |
| | 1週 | 40時間 | 40時間 | − | − |
| 時間外労働の上限（原則） | 1日 | − | − | 13時間 | 4時間 |
| | 1月 | 45時間 | 45時間 | 293時間 | 98時間（休日労働込み） |
| | 1年 | 360時間 | 360時間 | 3,516時間 | 1,176時間（休日労働込み） |
| 時間外労働の上限（特例） | 1日 | − | − | 16時間 | 7時間 |
| | 1月 | 100時間未満（休日込み） | − | 320時間 | 125時間（休日労働込み） |
| | 2～6月平均 | 80時間（休日込み） | − | − | − |
| | 1年 | 720時間 | 960時間（令和6年4月〜） | 3,516時間 | 1,176時間（休日労働込み） |

※改善基準告示 の総労働時間は、休憩時間を毎日1時間と仮定し、拘束時間から控除して算出。
・1日8H×週5日＝1週の法定労働時間40H
・1週の法定労働時間40H×52週＝2,080H（1年間の法定労働時間）
・1年間の法定労働時間2,080H÷8H260H（1年間の休憩時間）
・2,080H＋260H＋2,340H（1年間の法定労働時間と1年間の休憩時間）÷12ヶ月＝195H（1ヶ月の法定労働時間と1ヶ月の休憩時間）

　（出典）第2回労働政策審議会労働条件分科会自動車運転者労働時間等
専門委員会トラック作業部会資料

回っています。今後も、労働人口の減少、若年齢者人口の減少は続くため、一層の高齢化が進むと思われます。そうなると、第1章Ⅶ-2（48ページ）で述べたとおり、60歳定年＋再雇用では人材を確保することができず、定年延長により人材を確保しなければならない時代がすぐそこまで来ているといえます。

　そこで、長く働き続けられる制度にして人材確保を図る必要がありますが、高年齢労働者の特徴として、加齢により長時間労働が難しくなる人がいたり、元気で70歳を超えても働ける人がいたりと、個人差が拡大します。オール歩合給制度であれば、働ける人はより働くことで稼ぎ、それなりに働く人はそれなりに稼ぐことができますので、一律の労働条件を適用するのに比べて、より公平な仕組みとなります。

ですから、定年延長とともにオール歩合給制度導入を提案すること
は、労使双方にとって、非常に合理的な提案となります。

　オール歩合給制度に抵抗があるドライバーであっても、定年延長に
より雇用が安定することに反対する人は少ないはずです。ほとんどの
会社が定年後再雇用により60歳以降も働くことができるようにして
いますが、定年後再雇用で自動的に賃金が下がったり、業績不振で定
年後再雇用従業員から雇止めに遭ったりすることもあり得ます。定年
が延長されれば、同じ仕組みで正社員として働くことができ、雇用も
安定することになります。

　オール歩合給制度導入は、定年延長と併せて行うことで従業員の同
意を得られる可能性が高くなります。

## Ⅱ-4 運送業の日本版「同一労働同一賃金」問題対応の必要性から説明する

　第1章Ⅶで述べたとおり、今後運送業で日本版「同一労働同一賃
金」関連の紛争が多発するのではないかと予想しています。

　特に、運送業では定年後再雇用になってからも定年前と仕事内容が
変わらず、同じ従業員が同じトラックで同じ荷物を同じ荷主に届ける
ケースが多いため、定年後再雇用者に定年前と同じ賃金を支払い、同
じ待遇を与えなければならないという、「均等待遇」が問題になり得
ます。これまでの、「何となく定年後再雇用者の基本給を減額したり
手当を支給しなかったりしているケース」が、日本全国で問題になり
得るのです。

　ですから、会社としては、オール歩合給制度を導入し、正社員か定
年後再雇用者かを問わずオール歩合給制度を適用することで、こうし
た均等待遇問題の解決を図りたいと説明します。実際に対策を講じる
ことができますし、第1章Ⅶのとおり、定年延長とセットで導入する
ことで、そもそも定年後再雇用をなくすこともできます。

　日本版「同一労働同一賃金」対策は、オール歩合給制度の導入の理
由の一つになるのです。

# Ⅲ

# 労働者の不安・不満対策としての経過措置の実施

## 人間には、少しでも損を減らせる可能性があれば、そちらを選ぶ傾向がある

　人間は、利益が手に入る可能性のある場面では「利益が手に入らない」ことを、損失の可能性がある場面では「損失すること」を回避しようとする傾向を持ちます。このような人の性質を説明しているのが、プロスペクト理論（損失回避性）です。

　例えば、まず以下のようにお金をもらうことに関する2択の質問をします。

---

質問1：どちらかを選んでください。

　ア　無条件で9万円をもらえる。

　イ　90％の確率で10万円がもらえる（10％の確率で何ももらえない）。

---

　すると、多くの人がアを選び、10万円をもらう賭けに出るよりも確実に9万円を手に入れようとします。人間は、利益が手に入る可能性のある場面では「利益が手に入らない」ことを回避するからです。

　次に、お金を失うことに関する2択の質問をします。

---

質問2：どちらかを選んでください（直前に9万円を無条件でもらったことが前提）。

　ア　確実に9万円を失う。

　イ　90％の確率で10万円を失う（10％の確率で何も失わない）。

---

こちらの質問では、多くの人がイを選びます。損失の可能性がある場面では、できる限り「損失を被る」ことを回避しようとするからです。少しでも損失が減らせる可能性があれば、そちらを選んでしまうのです。

実は、上記の２つの質問は期待値という点では、いずれも同じ結果になります。期待値とは、統計学で確率の見地から算定した平均値を指し、「報酬×確率」の式で求められます。実際に計算してみましょう。

質問１アの期待値：90,000円×１＝90,000円
質問１イの期待値：100,000円×0.9＋０円×0.1＝90,000円
質問２アの期待値：－90,000円×１＝－90,000円
質問１イの期待値：－100,000円×0.9＋０円×0.1＝－90,000円

ところが、質問１では多くの人が９万円を100％もらえることを選び、質問２では多くの人が10万円を90％の確率で失うことを選びます。どちらも100％起こる結果を選ぶ、とはならず、少しでも損失を回避できる可能性があればそちらを選んでしまうのです。

## Ⅲ-2　損失回避策＝経過措置を講じることで労働者が同意しやすくなる

この傾向を、労働条件の不利益変更における労働者の同意にあてはめてみましょう。

例えば、オール歩合給制度を採用すれば、内容によっては現在の賃金が上がる可能性がある一方、現在の賃金が下がる可能性もあります。どちらの結果も起こる可能性がある場合、理論的にはどちらを選んでも変わらないのですが、上記のとおり人間には損失を回避できる可能性があるほうを選ぶ傾向がありますので、オール歩合給制度導入に反対する人が多数となる可能性があります。

では、どうやってオール歩合給制度の導入に同意する人を増やせばよいでしょうか。

　答えは簡単です。これまでの制度の賃金を維持してあげれば損失を回避できることとなり、同意を得られやすくなります。

　つまり、オール歩合給制度を導入した後も、経過措置として導入前の賃金を一定期間維持してあげればよいのです。そうすれば、労働者が損失回避行動としての反対意見表明をすることなく、オール歩合給制度の導入に同意することになるのです。

# Ⅳ

# 経過措置の設計と留意点

## Ⅳ-1　経過措置は何年がよいのか？

　経過措置の期間は、長ければ長いほど労働者の不安を和らげる効果が強くなる一方、会社は制度変更による合理化の効果をなかなか得られないこととなります。

　そのため、どのくらいの期間とするかが問題となりますが、成果主義型賃金制度への変更の有効性が争われたノイズ研究所事件（東京高裁平成18年6月22日判決）では、経過措置期間を2年としました。以下に示す判決文のとおり、2年という期間は「いささか性急で柔軟性に欠ける嫌いがないとはいえない」といわれています。

　実務上は、経過措置として3年は必要かと思います。3年もあればオール歩合給制度に慣れて来るでしょうし、不利益があっても3年間填補されるのであれば、オール歩合給制度の導入に同意してくれることでしょう。

---

　現実に採られた経過措置が2年間に限って賃金減額分の一部を補てんするにとどまるものであっていささか性急で柔軟性に欠ける嫌いがないとはいえない点を考慮しても、なお、上記の不利益を法的に受忍させることもやむを得ない程度の、高度の必要性に基づいた合理的な内容のものであるといわざるを得ない。

---

## Ⅳ-2　経過措置の設計上の留意点

　経過措置として旧制度の賃金を3年間保証すれば、多くの労働者は同意するでしょう。しかし、実際に試算するとわかりますが、両制度の良いところ取りになるので、会社にとってかなりの重荷になります。

　例えば、旧制度と新制度を比較していずれか高いほうの賃金を毎月採用する経過措置を採った場合、採用賃金は3カ月で合計95万円になり、旧制度の90万円を上回ります。

　このように、毎月差額を補てんする経過措置とすると、人件費が旧制度を常に超え続けることになります。

**図表2-4**　新旧の支給額を比較して高いほうの賃金を毎月採用する経過措置を採った場合の支給額

|  | 1月 | 2月 | 3月 | 小計 |
|---|---|---|---|---|
| 旧制度 | 30 | 30 | 30 | 90 |
| 新制度（オール歩合給制度） | 27 | 35 | 29 | 91 |
| 採用賃金 | 30 | 35 | 30 | 95 |

## Ⅳ-3　現実的な経過措置の設計例～3カ月精算方式

　そこで、以下のような3カ月精算方式で経過措置を設けるのがよいのではないかと考えます。会社にとっても従業員にとっても不利益が少なく、納得してもらえるのではないかと思われます。

　この方式では、精算期間の1カ月目および2カ月目はオール歩合給制度に基づいて計算された金額が支払われ、3カ月目は次の①または②のいずれかが支払われることとなります。

①　オール歩合給制度に基づいて計算された合計額が旧制度の賃金の合計額以上の場合は、3カ月目もオール歩合給制度に基づいて計算

された金額が支払われる

②　オール歩合給制度に基づいて計算された合計額が旧制度の賃金の合計額を下回る場合は、3カ月目はオール歩合給制度に基づいて計算された金額に加えて、3カ月間のオール歩合給制度に基づいて計算された合計額と旧制度の賃金の合計額との差額が支払われる。

### ●上記①が適用される場合

| | 1月 | 2月 | 3月 | 小計 |
|---|---|---|---|---|
| 旧制度 | 30 | 30 | 30 | 90 |
| 新制度（オール歩合給制度） | 27 | 35 | 29 | 91 |
| 採用賃金 | 27 | 35 | 29 | 91 |

　上記①が適用される場合、オール歩合給制度の賃金合計額は91万円、旧制度の賃金合計額は90万円となります。オール歩合給制度の賃金合計額のほうが旧制度の賃金合計額よりも多いため、3カ月目はオール歩合給制度に基づいて計算された賃金が支払われます。

　そうすると、会社の負担は91万円で済み、従業員も旧制度の賃金合計額を確保することができます。

### ●上記②が適用される場合

| | 1月 | 2月 | 3月 | 小計 |
|---|---|---|---|---|
| 旧制度 | 30 | 30 | 30 | 90 |
| 新制度（オール歩合給制度） | 27 | 27 | 27 | 81 |
| 採用賃金 | 27 | 27 | 36 (27+(90−81)) | 90 |

　上記②が適用される場合、オール歩合給制度の賃金合計額は81万円、旧制度の賃金合計額は90万円、オール歩合給制度の賃金合計額のほうが旧制度の賃金合計額よりも少ないため、3カ月目は、オール歩合給制度に基づいて計算された金額に加えて、3カ月分のオール歩合給制度の賃金合計額と旧制度の賃金合計額の差額を支払います。

そうすると、会社の負担は90万円で済み、従業員も旧制度の賃金合計額を確保することができます。差額の9万円は「臨時に支払われた賃金」（労基則21条4号）に該当しますので、割増賃金の算定の基礎にも入りません。

　この方式は、オール歩合給制度をそのまま運用していくことでドライバーにオール歩合給制に慣れてもらう一方、3カ月おきに差額を補っていくことができる、シンプルかつ実践的な方法といえます。

　巻末資料として収録した賃金規程では、この3カ月精算方式を採用しています。

# V

# オール歩合給制度導入に
# 同意が得られない場合の対応

## V-1 同意が得られない場合は労働契約法10条が適用される

　オール歩合給制度の導入（不利益変更）の同意が得られない場合
も、①労働者の受ける不利益の程度、②労働条件の変更の必要性、③
変更後の就業規則の内容の相当性、④労働組合等との交渉の状況から
「合理的なもの」と裁判所が判断すれば、労働契約法10条が適用さ
れ、オール歩合給制度の導入に同意しない従業員にもオール歩合給制
度を適用させることができます。

　第1章Ⅶで紹介した第四銀行事件最高裁判決でも、この①～④に照
らして変更の合理性を判断しています。

### ●労働契約法

第10条　使用者が就業規則の変更により労働条件を変更する場合にお
　いて、変更後の就業規則を労働者に周知させ、かつ、就業規則の変
　更が、労働者の受ける不利益の程度、労働条件の変更の必要性、変
　更後の就業規則の内容の相当性、労働組合等との交渉の状況その他
　の就業規則の変更に係る事情に照らして合理的なものであるときは、
　労働契約の内容である労働条件は、当該変更後の就業規則に定める
　ところによるものとする。

# V-2 変更前後で賃金原資を変えないことが重要

　第一小型ハイヤー事件最高裁判決（平成4年7月13日）は、タクシー乗務員の歩合給の計算方法について、運賃値上げを機会に足切額と支給率を定める就業規則の変更に合理性がないとした原判決が破棄・差戻しされた事例です。

　裁判所は、就業規則による賃金の計算方法の変更について、以下のとおり新計算方法に基づき支給された賃金が全体として従前より減少しているならば合理性は容易に認めがたいが、減少していないならば、新計算方法が従業員の利益をも適正に反映しているものである限り、その合理性を肯認することができるとしています。

　そして、新計算方法が従業員の利益をも適正に反映しているか否かは、**(1)** 変更後の労働強化によるものではないか、**(2)** 急激かつ大幅な労働条件の低下になり不測の損害を被らせるものではないか、**(3)** 新計算方法を採用した理由は何か、**(4)** 労働組合等との交渉経緯、を踏まえて判断する必要があるとしています。

---

　3　次に、本件就業規則の変更の内容の合理性の有無について検討する。

　（一）　この点については、新計算方法に基づき支給された乗務員の賃金が全体として従前より減少する結果になっているのであれば、運賃改定を契機に一方的に賃金の切下げが行われたことになるので、本件就業規則の変更の内容の合理性は容易には認め難いが、従前より減少していなければ、それが従業員の利益をも適正に反映しているものである限り、その合理性を肯認することができるというべきである。

　したがって、本件においては、まず、新計算方法に基づき支給された賃金額とそれまで旧計算方法に基づき支給されていた賃金額とを対応して比較し、その結果前者が後者より全体として減少していないかを確定することが必要である。そして、これが減少していない場合には、それが変更後の労働強化によるものではないか、また、新計算方

第2章　オール歩合給制度導入のために何をすればよいか

法における足切額の増加と支給率の減少がこれまでの計算方法の変更の例と比較し急激かつ大幅な労働条件の低下であって従業員に不測の損害を被らせるものではないかをも確認するべきである。

このほか、新計算方法が従業員の利益をも適正に反映しているものかどうか等との関係で、上告会社が歩合給の計算方法として新計算方法を採用した理由は何か、上告会社と新労との間の団体交渉の経緯等はどうか、さらに、新計算方法は、上告会社と新労との間の団体交渉により決められたものであることから、通常は使用者と労働者の利益が調整された内容のものであるという推測が可能であるが、訴外組合との関係ではこのような推測が成り立たない事情があるかどうか等をも確定する必要がある。

そこで、オール歩合給制度の導入が従業員の利益をも適正に反映しているか否かについて、この**(1)～(4)**を確認してみます。

## (1) 変更後の労働強化によるものではないか

「労働強化」とは、仕事の量を増やすことを指しますが、運送業におけるオール歩合給制度の導入は賃金の計算方法が変わるだけであり、仕事の量を増やすことにはなりません。

## (2) 急激かつ大幅な労働条件の低下になり不測の損害を被らせるものではないか

第2章Ⅳで述べた経過措置を講じることにより、急激かつ大幅な労働条件の低下にはつながりません。

## (3) 新計算方法を採用した理由

第2章Ⅱで述べたとおり、オール歩合給制度の導入による労働者のメリットとしては、効率的に働く労働者が報われる制度になること、また60歳以降の雇用の安定が確保されること、が挙げられます。

## （4）　労働組合等との交渉経緯

　労働組合がないケースがほとんどだと思いますが、説明会の開催と労働者個人との話し合いにより代替することができます。場合によっては従業員の意見を聴いて、内容を修正することも必要だと思います。

　以上を踏まえれば、対象労働者の同意がなくとも、賃金原資を減らさず、従業員説明会を開いて具体的な説明を行い、従業員の意見を聴き、経過措置を設ければ、不同意の従業員に対してもオール歩合給制度は有効に適用することができます。

第2章　オール歩合給制度導入のために何をすればよいか

# VI

# オール歩合給制度の導入パターン

オール歩合給制度の導入パターンは、原則的には労働者全員への同時かつ一律の導入ですが、他のパターンも考えられます。

## VI-1 全員導入パターン

全員に同時にオール歩合給制度を導入するパターンが、原則です。

一律に導入することで賃金制度の統一性を保つことができ、制度が異なることによる不公平や不平等はなくなります。制度の運用についても、全従業員から意見を聴くことができます。制度運用に成功すれば、一気に会社の生産性が上がることもあります。

一方、全員に同時に一律に導入するため、導入に反対する労働者が出てくる可能性があります。反対者が多ければ、労働組合結成に繋がったりする可能性もあります。労働条件の不利益変更をめぐる裁判例の多くは、原告である労働者が労働組合員で労働組合の支援を得ています。

オール歩合給制度を全員に同時に一律に導入することは、労働紛争につながる可能性もあるといえます。

## VI-2 既得権保護パターン

現在の賃金制度が適用されている労働者にはオール歩合給制度を適用せず、新しく入社する労働者にのみオール歩合給制度を適用すると

いうものです。

そのため、現在の賃金制度が適用されている労働者の労働条件の不利益変更問題が起きることはなく、労働紛争が起きる可能性は非常に低くなります。

新しく会社に入社する労働者についても、就業規則や雇用契約書により会社から提示された労働条件で雇用契約が始まりますので、オール歩合給制度が適用されたとしても、当然のことながら不利益変更には当たりません。

このパターンの良いところは、このように労働紛争が起きる可能性がほぼゼロに等しいところですが、Ⅵ-1のように賃金制度の統一性を保つことはできませんので、制度の適用により全社を挙げて生産性を上げるような取組みをすることはできません。また、従業員によっては適用される制度が異なるため、不平不満が溜まりやすくなります。

## Ⅵ-3 希望者のみ移行パターン

上記2つの中間型といえるようなパターンです。既存の労働者については、希望者のみにオール歩合給制度を適用する、というものです。希望者のみがオール歩合給制度の適用を受けますから、労働条件の不利益変更を理由に拒否する労働者は現れず、労働紛争に発展する可能性もほぼなくなります。

このパターンにおいても、全員が導入に賛成しない限りⅥ-1のように賃金制度の統一性を保つことはできませんが、労働者自身で適用される制度を選択しますから、制度が異なることによる不平不満は溜まりにくくなります。

また、オール歩合給制度の運用がうまくいった場合、旧制度適用対象者もオール歩合給制度の適用を希望する可能性があります。オール歩合給制度が従業員にとってメリットが大きいものであるとわかれば、いずれ全員が導入することになると思います。

# Ⅶ
# 配車係の権力濫用問題対策
# を講じる

　オール歩合給制度が導入されると、どのドライバーに何を運ばせる
かを決定する配車係の配車により、賃金総額が大きく影響を受けるこ
とになります。

　ところが、この配車係が自らの権力を濫用して労働問題に発展する
ことがあります。

　オール歩合給制度導入後に不平不満から来るトラブルが起こらない
よう、予防措置を講じておく必要があります。

## Ⅶ-1　権力濫用問題を防ぐポイントは性弱説

　配車係の権力濫用問題は、必ずしも配車係の人格や考え方に問題が
あるから起きるとは限りません。配車係が権力を濫用できるような環
境においた会社にも、責任があります。

　人間というものは弱い存在で、自分で自分を律する力はそれほど高
くありません。多くの人間は置かれた環境や周りの人間関係の影響を
強く受けて意思決定を行います。場合によっては犯罪行為、会社の秩
序違反行為を行ってしまうことさえあります。

　そのため、この種の問題を考えるにあたっては、人間は弱い存在で
あるという性弱説をもとに、予防措置や事後措置を考える必要があり
ます。

# Ⅶ-2 予防措置

## （1） みなし運賃を設定する

運賃設定そのもので配車係の権力濫用を予防する、という方法が考えられます。

配車係が権力を持つようになるそもそもの原因は、ルートと売上歩合のバランスの関係上、いわゆる割の良いルートと割の悪いルートが存在しているためです。つまり、労力がかからない割に運賃が高くもらえる歩合が高いルートと、手間がかかる積荷作業がある割に運賃が安くなる歩合が低いルートがあるのです。

オール歩合給制度になれば、当然、ドライバーは割りの良いルートの担当を希望しますが、割りの良いルートがもらえるかどうかは配車係の采配一つで決まりますので、配車係の権力が自然と強くなってしまうのです。

そこで、運賃については実際の運賃を適用せず、会社が諸事情を考慮して決定した、いわゆる「みなし運賃」を設定して、ルートごとに労力と歩合の釣合いが取れるように調整することが考えられます。そうすればいわゆる割の良いルートと割の悪いルートの差は極めて小さくなり、配車係が権力を持つ理由がなくなります。ただし、これはあくまでも理屈上の話で、完全に差をなくすことはできないでしょう。そのため、定期的にみなし運賃を改定する必要も出てきます。

## （2） 配車係を複数担当制にする

この方法は小規模の運送会社では難しいかもしれませんが、中規模の運送会社では実現可能であると考えます。

配車係は、様々な顧客情報やその他の事情を踏まえて配車を決定するので、どうしても属人的な業務になりやすく、意思決定の仕組みがブラックボックスになりやすいといえます。物を暗くて狭く閉ざされ

たところに置けば、物によっては腐敗が始まります。人間も同じで、周りから見えない自分だけの空間をつくると、権力を濫用したり権力が腐敗したりしやすくなるといえます。

　そのため、配車係を複数担当制にして、特定の個人のみが配車を行わないようにするのです。複数担当制にすれば、どうしても担当者同士で話し合わなければならないことが起きたり、配車の異常性を他の人が察知することが可能になったりします。もちろん、共謀して不正行為を行う可能性もありますが、その危険性は次に述べる配車係の任期制との併用により予防することが可能です。

## (3)　配車係を任期制にする

　配車係はベテランドライバーが担うことが多く、場合によっては定年退職まで特定の個人が何年か勤め上げることがあります。

　この仕組み自体悪くはないのですが、特定の個人に依存する仕組みは、どうしても権力の濫用の問題を引き起こす可能性が高くなるという弱点があります。

　そこで、配車係就任にあたっては、簡単な任命書をつくり、3年なら3年、5年なら5年と、任期を言い渡して任命することが有効な対策であると考えます。事前に任期制であることを明示すればトラブルになることも少なく、任期満了によりスムーズに交代をしてくれる場合が比較的多いといえます。

## (4)　情報開示を徹底する

　「殺菌には日の光に晒すのが一番だ」。これは、米最高裁判事ルイス・D・ブランダイスの言葉です。要するに、不正を撲滅するには徹底した情報公開や情報開示が有効であるという意味です。

　配車システムとは、GPSや地図ソフトを活用し、配車計画や運行計画を管理することで配送・輸送業務を最適化するシステムです。地図上で配車・走行ルートの指定をしたり、運行チャートなどを作成し

たりすることで、管理者とドライバーの効率化が期待できます。

　また、配車システムを使うことにより配車係の配車が公平か合理的かを検証することができ、権利濫用を防ぐことができます。配車システムへの投資はなかなか難しいかもしれませんが、合理的な経営を実現するには、今後必要になります。

## （5）　ドライバーと定期面談を行う

　ドライバーとの定期的な面談も、重要な予防措置になると考えます。

　配車を受ける運転手は、微妙な配車係の意図を的確に感じ取っている場合があります（時には被害妄想になる方もいますが）が、配車係に異を唱えれば次の配車にも影響が出かねないため、我慢をして配車係に異議を唱えることができずにいる、というケースがあります。

　会社が定期的にドライバーと面談をして、それらしく配車の公平性について質問をすれば、率直なドライバーであれば不満を漏らすことになるでしょう。会社はその不満を引き取り、その不満に根拠があると思われる場合は、配車係にその旨を伝えます。そして、報復を行わないように伝えます。配車係は良い気持ちにはならないでしょうが、良い意味での牽制を行うことができ、権力濫用の予防につながることになります。

### Ⅶ-3　事後措置

## （1）配車係との面談を行う

　配車係の権力が強くなると、経営者も遠慮して面談もままならなくなってしまうことがあるようです。そのため、日頃から配車係と定期的に面談をして意思疎通を図っておく必要があります。場合によっては、配車の公平性について会社から疑義を呈することも必要になります。

## (2) 配置転換

　会社は人事権を有していますので、雇用契約書等に職種限定の特約がない限り、原則として配車係を一般のドライバーに配置転換することは可能です。人事権をタテにして配車係と面談し、仮に権力濫用と疑われるような配車のやり方があればそれを改めるよう説得することができます。

## (3) 気を付けるべき未払い残業代請求

　配車係が会社と衝突して退職し、未払い残業代請求を行うことがあります。配車係は長時間労働になりやすく、会社もそれなりの給料を支払っているため、割増賃金の支払いが労働時間に応じた方法となっていないケースが多くあり、退職後に多額の未払い残業代請求が行われる事件に発展してしまうのです。

　配車係と衝突する可能性がある場合には、配車係に未払い残業代が発生しない仕組みを事前に構築しておく必要があります。どうしても長時間労働が避けられない場合は、配車係にもオール歩合給制を適用することを検討してよいと思います。配車の本数などに応じて給料を支払うなどの仕組みを構築すれば可能でしょう。

　配車係がオール歩合給制であれば割増賃金は大幅に低下しますので、この種の未払い残業代請求トラブルを未然に防ぐことができます。

　以上、オール歩合給制を導入するためにどんなことをする必要があるかをお話ししてきました。

　では次に、そもそも歩合給制とはどんな制度なのかを確認していきます。

VII　配車係の権力濫用問題対策を講じる

第3章

オール歩合給制について

# Ⅰ

# オール歩合給制とは

## Ⅰ-1 特徴

　オール歩合給制とは、雇用契約において売上等に応じて変動する歩合給のみが支払われ、それ以外の固定給部分を持たない賃金制度をいいます。こうした仕組みは、トラックドライバー、タクシードライバー、保険募集人、各種営業社員などの一部に適用されています。

　トラックドライバーでいえば、運送収入（売上）に歩合率を掛けたもの、あるいは運行距離数に単価を掛けたものなどを、歩合給として支給することが一般的です。

## Ⅰ-2 よくある誤解

　オール歩合給制は違法、と指摘されることがあります。歩合給が大幅に下がった場合の出来高払制の保障給（労基法27条）の設定がない場合は、その点において違法となりますが、オール歩合給制自体が違法となるわけではありません。

　なお、オール歩合給制といっても、メインの歩合給に加えて通勤手当などが支給されることはあり、一部賞与が支払われるケースもあります。基本給や第6章で述べる職務型の手当ではなく、生活補助手当の一つである通勤手当や賞与などが支払われるケースも含めて、本書ではオール歩合給制として扱うこととします。

●労基法27条

## I-3　適用職種

　オール歩合給制は歩合給制の一部ですが、歩合給制の適用は幅広い職種で行われています。ドライバーや営業職に留まらず、美容師、理容師、エステティシャン、接客スタッフ、ネイリスト、医師、歯科医師、柔道整復師などです。

　呼び名も様々です。文字どおり「歩合給」と呼ばれることもありますし、トラックドライバーに適用される「運行給」、営業社員に適用される「コミッション」や「インセンティブ」、保険募集人に適用される「手数料」、接客職種に適用される「売上バック」などがあります。

　歩合給について労基法27条では「出来高払制その他の請負制」という表現がとられていて、成果に対して支払う仕組みを、「請負制」という概念で総称しています。請負制といっても、民法で規定された請負契約ではありません。労働契約における賃金の算定方式を指すものとして用いられています。本書では、こうした賃金形態を総称して歩合給制と呼ぶこととします。

　なお、歩合給に関する記述の中で、出来高払制、出来高給、能率給などの表記は、文脈に応じてそのまま使用します。

# Ⅱ

# 歩合給制の歴史

　「出来高払制」、「能率給」などとも呼ばれる歩合給制は、世界的に長い歴史を持っています。

　『業績給制度の実際』（昭和41年4月労働法令協会）が、欧米の出来高払制の歴史やそれが日本に与えた影響などをまとめていますので、それを参考に世界と日本の出来高払制を概観していくこととします。なお、本書の90ページ6行目から94ページ13行目までの数値データを含む記述は基本的にこの文献によるもので、直接の抜粋を含んでいます。

## Ⅱ-1　欧米における発展の経緯

　欧米における出来高払制賃金は、次のような経緯で発展していきました。

　英国においては、中世に既に「個数賃金」といわれる一種の能率給が発生し、7世紀から8世紀にはかなり普及していました。

　米国においては、1840年に1日の労働時間を制限する法制化が行われた結果、限られた労働時間の範囲内においてできるだけ労働力を集約的に利用する必要が生じ、能率給制度が採用されました。その当時の能率給制度は単純なもので、製品1個あたりの単価も、過去の実績、経験などに基づき適当に決めるというようなものでした。労働者が努力して相当な収入をあげるようになると単価の切下げを行うなどした結果、労働者は集団的に生産を抑制しようとしたといわれています。

このような悪循環を排除するために、米国では1890年にハルセーの「3分の1（または2分の1）割増制」が考案されました。これは、節約時間に対する賃金額の3分の1（または2分の1）は労働者に分配し、残り3分の2（または2分の1）は使用者が分配を受け取るというものです。

　英国では1898年にローワンの「割増制」が考案されました。これは、標準能率を超えた場合、短縮した時間の割合に相当する割増を受ける仕組みです。例えば、10％時間を短縮して仕事を仕上げれば時間給の10％、20％時間を短縮すれば20％の割増を受ける、というものです。

　これらの仕組みは、標準以上の能率をあげたときの成果を労使が一定割合で分配し、使用者による単価切下げを防止しようとするものでしたが、問題の最終解決には至りませんでした。

## Ⅱ-2　テーラーの取組みとそれ以降の展開

　次に生まれたのが、アメリカの技術者で工場の科学的管理法の始祖といわれ、日本の製造現場にも多大な影響を与えたフレデリック・テーラーの取組みです。

　テーラーは、工場内における高能率の作業管理を行うための工場管理法を考案しました。自身の勤める工場で労働者の動作研究を行い、その結果から時間あたりの標準作業量を設定して、これを基礎に「率を異にする出来高払制（あるいは差別的出来高払制）」を考案しました。この仕組みは、高能率と低能率の働きに対して、2種類の異なる賃率を設定するもので、次のように説明されます。

　率を異にする出来高払制度とは、手短にいえば、同じ仕事に対して二種類の違った賃金単価をあたえるのである。すなわち仕事を最短時間にしあげて、しかもいろいろな条件を満たした場合には、高率の賃金を払

い、時間が長くかかったり、またはなにか仕事に不完全な点があったりした場合には低率の賃金を払うのである。(F. テーラー著　上野陽一訳『出来高払制私案 1985 年』「科学的管理法：昭和 53 年 7 月産業能率短期大学出版部刊」4 頁)

　テーラーの科学的管理法は、科学的作業管理とモチベーション管理を車の両輪とするもので、後者は「率を異にする出来高払制」がその内容となっていました。

　保障給の仕組みを持たないこともあって、結果的にテーラーの出来高払制は普及しなかったといわれていますが、その基準となる時間研究や動作研究は工場の科学的管理法として大きな影響を与えただけでなく、その後の能率給制度に引き継がれ、新しい仕組みを生むことにつながりました。

　第一次世界大戦以降、製造業は流れ作業の導入など大量生産方式化し、個別労働者の生産高向上よりも、組織としての生産性向上が重要となり、集団能率給が広く採用されるようになります。

　ILO が 1950 年頃調査した結果をみても、ハンガリーでは 70％、スウェーデンでは 58％、ノルウェーでは 53％、デンマークでは 40％、西ドイツでは 37％の労働時間の労働が出来高払制の賃金によって計算されていました。また、同じ資料によると、アメリカでは 30％、イギリスでは 29％の労働者がその業績によって賃金が支払われていたといわれています。

　また、不熟練労働者のほうが熟練労働者よりも、女子労働者のほうが男子労働者よりも業績によって賃金が支払われている例が多く、中小企業よりも大企業のほうが高い割合で業績給制度を採用していました。

## Ⅱ-3　日本における出来高払制の経緯

### （1）　明治～戦前

　日本では明治以前から製糸業、採鉱業などで出来高払制賃金が採用されていましたが、明治になって、製糸業、紡績業などで、生産数量と製品の質に関連させて賃金が支払われることが一般化しました。明治36年に関西の16の紡績工場の調査が行われた際には、女工の71％に能率給が適用されていたという記録があります。

　大正5年の工場法の施行により労働時間が制限され、能率給制度が労働能率の刺激性を帯びるようになりました。しかし、労働者の収入が増加するとしばしば単価の引下げが行われ、労働者の不信を招くようになったため、政府の推奨もあり、ハルセー、ローワンなどの方式が普及するようになり、科学的管理法の研究もされるようになったとのことです。

### （2）　戦時中

　その後戦時体制に入り、合理的な賃金率、標準作業の設定は一部の大企業に限られるようになりましたが、昭和14年の厚生省労働局の工場、鉱山に対する賃金形態の調査では、500人以上の職工、鉱夫を常時雇用している事業所のうち、工場における男子工の27％が出来高払制、12％が時間割増制、女工の51％が出来高払制、3％が時間割増制の適用を受けていました。鉱山では、男子鉱夫の60％、女子鉱夫の27％が出来高払制の適用を受けていました。

　戦時中は、思想的な立場からの出来高払制に対する反対論もあったようです。「皇国勤労観」に代表される考え方が代表的なもので、「資本主義的に考えられた賃金制度は、国民の自覚を促すのに不適当である。賃金は仕事出来高に対する対価と考えてはいけない。各人の生活費を国家から賜ったものとして、感謝して受け取らなければならない。だいたい請負制度なるものは、欧米実利主義の現われであり、労

働者の利己心、拝金心を助長し、わが国の美わしい人情美を損うものである。」（飯塚一雄『能率給制度』9頁　昭和41年1月労働法令協会）といった内容でした。

## （3）　戦後

　戦後は、「食える賃金」が先決問題となり、生活給的賃金体系が支配的となって、能率給の適用比率が低下しました。そして、昭和22年に労働基準法が制定され、出来高払制などで使用する労働者に対する、労働時間に応じた一定額の賃金保障が義務付けられます。

　経済の安定、賃金水準の上昇に伴って、能率給も生産奨励給を中心として漸次普及し、昭和25年には製造業の39％の事業所に普及するようになりました（労働省「給与構成調査」）。

　昭和30年代に至り、能率給の普及率に大きな変化はなく、鉱業、鉄鋼、運輸通信、繊維、ゴムなどの産業で浸透を見せていました。

## Ⅱ-4 　近年の出来高払制の適用状況

## （1）　昭和30年代

　「昭和32年給与制度特別調査結果概要」（労働省）をまとめたものが、**図表3-1**です。

　単一形態であったり二形態あるいは三形態併用であったりと、バリエーションはありますが、何らかのかたちで出来高給を採用している企業の数が網掛けの部分で、その占める割合が一番右の列に示してあります。

　総数では、出来高給を採用している企業が全体の13.8％を占めています。「鉱業」の割合が最も高く70.3％で、次が「運輸通信及びその他の公益事業」の28.3％です。建設業、製造業でも10％を超えていますが、その他の産業ではほとんど見られません。ただし、出来高給の採用は、「労務者」区分がほとんどであり、「職員」については適用

「昭和32年給与制度特別調査結果概要」(労働省)の要約

| 産業 | 計 | 単一形態 | | | | | 二形態併用 | | | | | | | | | 三形態以上併用 | | | | 総計 | 割合(%) |
|---|---|---|---|---|---|---|---|---|---|---|---|---|---|---|---|---|---|---|---|---|---|
| | | 計 | 時給 | 日給 | 月給 | 出来高給 | 計 | 職員＝月給 労務者＝月給 | 職員＝月給 労務者＝日給 | 職員＝月給 労務者＝出来高給 | 職員＝月給 労務者＝時給 | 社員＝月給 臨時又は試用＝日給 | 上級社員＝月給 下級社員・工員の一部＝月給 | その他＝日給 | 他 | 計 | 職員＝月給 労務者＝日給 出来高給 | 職員＝月給 労務者＝時給 出来高給 | 他 | 出来高給総計 | 出来高給総計 |
| 総数 | 1570 | 419 | 2 | 24 | 391 | 2 | 922 | 529 | 39 | 55 | 148 | 18 | 55 | | 78 | 229 | 162 | 13 | 54 | 216 | 13.8 |
| D 鉱業 | 64 | 5 | | 1 | 4 | | 16 | 10 | 2 | 2 | | | 1 | | 1 | 43 | 43 | | | 45 | 70.3 |
| E 建設業 | 43 | 11 | | | 11 | | 29 | 23 | | 3 | | 2 | | | 1 | 3 | 3 | | | 6 | 14.0 |
| F 製造業 | 1170 | 219 | 2 | 21 | 194 | 2 | 783 | 476 | 13 | 54 | 119 | 13 | 50 | | 58 | 168 | 103 | 13 | 52 | 131 | 11.2 |
| G 卸売及び小売業 | 105 | 74 | | | 74 | | 28 | 10 | | | | 12 | | | 1 | 4 | 3 | | 1 | 2 | 1.9 |
| H 金融及び保険業 | 58 | 52 | | | 52 | | 5 | | | | | 1 | | | 4 | 1 | | | 1 | 0 | 0.0 |
| I 不動産業 | 17 | 13 | | | 13 | | 4 | | | | | 2 | | | | | | | | 0 | 0.0 |
| J 運輸通信及び その他の公益事業 | 113 | 45 | | 2 | 43 | | 57 | 10 | 21 | 1 | 10 | 4 | 3 | | 8 | 11 | 11 | | | 32 | 28.3 |

がないといえます。労務者と職員の区分については、労働省の説明では、鉱業と製造業にあっては労務者とは生産労働者を、職員とは管理、事務および技術労働者を指し、建設業にあっては労務者とは常用作業者を、職員とは管理事務および技術労働者を指す、とされています。

つまり、ざっくりと今日的な概念でくくれば、労務者とはジョブ型雇用の労働者、職員とはメンバーシップ型雇用の正社員、といった区分になると考えられます。

## (2)　昭和40年代以降

昭和40年代以降の出来高払制を採用する企業の割合は、賃金労働時間制度総合調査（労働省）の結果で確認することができます。平成14年以降は、就労条件総合調査（厚生労働省）の結果によります。

昭和40年代までは、鉱業において出来高払制が高い割合で適用されていましたが、昭和50年代以降激減します。

製造業についても、昭和40年代までは出来高払制の適用が一定割合ありましたが、鉱業と同じく昭和50年代以降激減していきます。

一方で、運輸・通信業においては、平成に入って出来高払制の適用が激増します。タクシー業やトラック運送業のドライバーへの適用が想像されます。

卸売・小売業、金融・保険業、不動産業・物品賃貸業においては、平成10年代に出来高払制導入が進みましたが、いずれも平成26年の調査においては大きな減少を見せています。「運輸業、郵便業」のくくりでも、出来高払制の適用割合が平成19年の36.8%から平成26年は24.5%と、減少しています（**図表3-2**）。

新規に区分が生まれた「生活関連サービス業、娯楽業」において比較的高い導入割合を示していますが、この区分については、エステティック業、美容業、葬儀業、結婚式場業などにおける導入事例があります。

なお、就労条件総合調査において出来高払制の適用割合が確認できる賃金形態の調査は、現在のところ平成26年調査が最終となっています。

## Ⅱ-5 出来高払制まとめ

出来高払制は、ヨーロッパでは既に中世から始まっていた制度で、その後欧米を中心として世界各国に広がりました。その仕組みもやがて進化を遂げていきますが、科学的管理法で有名なF.テーラーも、工夫を加えた出来高払制賃金でモチベーション管理を行いました。

日本でも、明治以前から出来高払制はありましたが、明治以降、製造業や鉱業で幅広く適用されていきます。ところが、製造業や鉱業での出来高払制の適用は激減していきます。個人を対象とした出来高払制によるよりも、組織としての生産性向上策のほうがより有効になったことが要因であると考えられます。

その後、サービス経済化も反映して、製造業や鉱業に代わりタクシー・トラックのドライバーや営業職などへの出来高払制の適用が進んでいくことになります。前述のとおり「運輸業、郵便業」のくくり

## 図表3-2　産業別出来高払制の導入状況（企業数割合）

産業別出来高払い制の導入状況（企業数割合）　　　　　　　　　　　　　　　　　　　　　（単位：%）

| 産業 | 賃金形態 | 昭和41年 | 昭和47年 | 昭和55年 | 平成3年 | 平成14年 | 平成19年 | 平成26年 |
|---|---|---|---|---|---|---|---|---|
| 調査産業計 | 定額制 | | | 98.2 | 94.9 | 99.7 | 98.8 | 99.2 |
| | 出来高払い制 | 14.3 | 6.8 | 1.8 | 5.1 | 6.7 | 6.7 | 4.6 |
| | 定額制＋出来高給 | | | 1.1 | 4.0 | 5.1 | 4.9 | 3.1 |
| | 出来高給 | | | 0.7 | 1.2 | 2.5 | 2.1 | 1.8 |
| 鉱業、採石業、砂利採取業<br>（H14年までは鉱業） | 定額制 | | | 97.5 | 94.4 | 100.0 | 100.0 | 99.2 |
| | 出来高払い制 | 36.7 | 32.5 | 2.5 | 5.6 | 6.8 | − | 5.9 |
| | 定額制＋出来高給 | | | 2.5 | 3.0 | 3.4 | − | 5.9 |
| | 出来高給 | | | − | 2.6 | 3.4 | − | |
| 建設業 | 定額制 | | | 98.6 | 95.5 | 100.0 | 100.0 | 100.0 |
| | 出来高払い制 | 11.0 | 8.5 | 1.4 | 4.5 | 4.6 | 3.5 | 4.1 |
| | 定額制＋出来高給 | | | 0.6 | 1.4 | 2.6 | 3.1 | 2.5 |
| | 出来高給 | | | 0.8 | 3.1 | 3.9 | 0.4 | 1.5 |
| 製造業 | 定額制 | | | 99.7 | 99.6 | 99.9 | 100.0 | 100.0 |
| | 出来高払い制 | 9.2 | 6.0 | 0.3 | 0.4 | 1.1 | 0.5 | 0.4 |
| | 定額制＋出来高給 | | | 0.1 | 0.2 | 0.8 | 0.5 | 0.3 |
| | 出来高給 | | | 0.2 | 0.2 | 0.3 | 0.0 | 0.1 |
| 電気・ガス・熱供給・水道業 | 定額制 | | | 100.0 | 100.0 | 100.0 | 100.0 | 100.0 |
| | 出来高払い制 | − | 12.6 | − | − | 4.9 | 4.3 | 1.5 |
| | 定額制＋出来高給 | | | − | − | 3.9 | 3.1 | 0.4 |
| | 出来高給 | | | − | − | 1.0 | 1.2 | 1.1 |
| 情報通信業<br>（H14年以降） | 定額制 | | | | | − | 100.0 | 99.8 |
| | 出来高払い制 | | | | | − | 0.6 | 0.9 |
| | 定額制＋出来高給 | | | | | − | 0.5 | 0.9 |
| | 出来高給 | | | | | − | 0.1 | |
| 運輸業、郵便業<br>（H14年までは運輸・通信業） | 定額制 | | | 89.1 | 63.2 | 99.1 | 92.5 | 96.1 |
| | 出来高払い制 | 49.5 | 15.4 | 10.9 | 36.8 | 30.9 | 36.8 | 24.5 |
| | 定額制＋出来高給 | | | 9.0 | 31.3 | 25.0 | 24.4 | 15.6 |
| | 出来高給 | | | 1.9 | 5.6 | 9.2 | 15.0 | 11.5 |
| 卸売、小売業<br>（H14年までは卸売、小売、飲食業） | 定額制 | | | 99.9 | 99.1 | 99.0 | 98.2 | 99.2 |
| | 出来高払い制 | 10.6 | 3.8 | 0.1 | 0.9 | 6.3 | 6.6 | 3.2 |
| | 定額制＋出来高給 | | | 0.1 | 0.9 | 5.3 | 5.1 | 2.5 |
| | 出来高給 | | | − | − | 2.1 | 1.5 | 0.8 |
| 金融・保険業 | 定額制 | | | 99.2 | 98.9 | 100.0 | 100.0 | 99.6 |
| | 出来高払い制 | 17.6 | 15.7 | 0.8 | 1.1 | 13.3 | 11.3 | 6.4 |
| | 定額制＋出来高給 | | | 0.8 | 1.1 | 11.9 | 7.9 | 4.7 |
| | 出来高給 | | | − | − | 3.4 | 6.7 | 1.9 |
| 不動産業・物品賃貸業<br>（H19年までは不動産業） | 定額制 | | | 99.4 | 100.0 | 98.7 | 98.9 | 100.0 |
| | 出来高払い制 | 3.4 | 8.3 | 0.6 | − | 7.6 | 9.6 | 2.4 |
| | 定額制＋出来高給 | | | 0.6 | − | 7.6 | 9.5 | 2.4 |
| | 出来高給 | | | − | − | − | 0.1 | − |
| 学術研究・専門・技術サービス業<br>（H19年以降） | 定額制 | | | | | − | − | 99.1 |
| | 出来高払い制 | | | | | − | − | 2.1 |
| | 定額制＋出来高給 | | | | | − | − | 2.1 |
| | 出来高給 | | | | | − | − | |
| 宿泊業、飲食サービス業<br>（H14年以降）<br>（H19年までは飲食店、宿泊業） | 定額制 | | | | | − | 100.0 | 99.0 |
| | 出来高払い制 | | | | | − | 3.2 | 3.2 |
| | 定額制＋出来高給 | | | | | − | 2.9 | 2.2 |
| | 出来高給 | | | | | − | 0.4 | 1.0 |
| 生活関連サービス業、娯楽業<br>（H19年以降） | 定額制 | | | | | − | − | 99.0 |
| | 出来高払い制 | | | | | − | − | 9.5 |
| | 定額制＋出来高給 | | | | | − | − | 5.5 |
| | 出来高給 | | | | | − | − | 4.0 |
| 教育・学習支援業<br>（H14年以降） | 定額制 | | | | | − | 98.6 | 97.6 |
| | 出来高払い制 | | | | | − | 4.9 | 2.5 |
| | 定額制＋出来高給 | | | | | − | 4.9 | 2.5 |
| | 出来高給 | | | | | − | − | − |
| 医療、福祉<br>（H14年以降） | 定額制 | | | | | − | 100.0 | 98.7 |
| | 出来高払い制 | | | | | − | 3.2 | 1.2 |
| | 定額制＋出来高給 | | | | | − | 3.2 | 1.2 |
| | 出来高給 | | | | | − | − | − |
| サービス業<br>（他に分類されないもの） | 定額制 | | | 95.7 | 96.8 | 100.0 | 100.0 | 99.2 |
| | 出来高払い制 | | | 4.3 | 3.2 | 5.0 | 3.3 | 2.2 |
| | 定額制＋出来高給 | | | 1.3 | 2.3 | 2.8 | 2.7 | 1.5 |
| | 出来高給 | | | 3.0 | 0.9 | 2.4 | 0.8 | 0.7 |

資料出所：昭和41年、昭和47年、昭和55年、平成3年は賃金労働時間制度総合調査（労働省）
　　　　　平成14年以降は就労条件総合調査（厚生労働省）、複数回答
昭和41年の出来高払い制は、個人能率給を指す。
昭和55年以降賃金の一部が出来高給の場合、定額部分が50%超であれば「定額制」に、50%以下であれば「出来高払い制」の「定額制＋出来高給」に計上

で、平成 26 年における出来高払制の適用割当は 24.5％となっていますが、運輸業に限れば、実感としてもう少し高い適用割合になっていると思われます。

第３章　オール歩合給制について

# Ⅲ
# トラックドライバーの賃金構成

　次ページの**図表3-3**は、公益社団法人全日本トラック協会（以下、「全ト協」という）がホームページで公開している「2019年度版トラック運送業の賃金・労働時間等の実態（概要版抜粋）」をもとに加工を加えたものです。

　この調査は全ト協がトラック運送事業者に対して定期的に行っているもので、調査対象事業者2,487社に対して、2019年5、6、7月に支給された給与の1カ月平均額等が質問され、有効回答事業者は633社（有効回答率25.5％）でした。そこで得た賃金の値を男女別、職種別に平均した数字が示されています。

　賃金の区分は、大きく固定給と変動給に分けられており、固定給は基本給、職務給、職能給、役職手当、身分手当、年齢給、勤続給、家族手当、住宅手当、勤務地手当、通勤手当などの合計で、変動給は歩合給、時間外手当（早出、残業、深夜、休日出勤手当など）、その他（精皆勤手当、無事故手当、日・宿直手当などの合計）を示しています。**図表3-3**で示した賃金額のほかに、公開資料では年間賞与額を1カ月平均に換算した賞与額も示されていますが、ここでは省略しています。

　男性ドライバーと女性ドライバーの平均値がそれぞれ示されていますが、女性のほうはサンプル数が少なく、実勢値としては男性ドライバーの水準が参考になると考えられます。男性ドライバー34万6,600円／月の平均額に対して、女性ドライバーの平均額は27万1,200円／月で、男性ドライバーの約78％の水準となっています。

　男性ドライバーの場合、固定給と変動給の割合は固定給が全体の約半分で、変動給の約半分を歩合給が占めています。つまり、歩合給は

## 図表3-3　平成31年度 業種・職種別賃金構成

| 職種＼項目 | 固定給 | 変動給 | | | 合計 |
| | | 歩合給 | 時間外手当 | その他（精皆勤・無事故手当等） | |
|---|---|---|---|---|---|
| 男性運転者平均 | 179,600<br>(51.8%) | 85,500<br>(24.7%) | 69,200<br>(20.0%) | 12,300<br>(3.5%) | 346,600<br>(100.0) |
| けん引運転者 | 217,500<br>(57.3%) | 59,800<br>(15.8%) | 91,300<br>(24.1%) | 10,800<br>(2.8%) | 379,400<br>(100.0) |
| 大型運転者 | 165,900<br>(44.5%) | 113,900<br>(30.5%) | 78,200<br>(21.0%) | 15,100<br>(4.0%) | 373,100<br>(100.0) |
| 中型運転者 | 147,900<br>(49.9%) | 82,700<br>(27.9%) | 51,900<br>(17.5%) | 13,700<br>(4.6%) | 296,200<br>(100.0) |
| 準中型運転者 | 207,600<br>(61.0%) | 65,600<br>(19.3%) | 58,500<br>(17.2%) | 8,900<br>(2.6%) | 340,600<br>(100.0) |
| 普通運転者 | 222,700<br>(68.2%) | 28,700<br>(8.8%) | 71,400<br>(21.9%) | 3,700<br>(1.1%) | 326,500<br>(100.0) |
| 女性運転者平均 | 159,800<br>(58.9%) | 52,200<br>(19.2%) | 49,600<br>(18.3%) | 9,600<br>(3.5%) | 271,200<br>(100.0) |
| けん引運転者 | 210,400<br>(62.9%) | 45,100<br>(13.5%) | 66,100<br>(19.8%) | 12,700<br>(3.8%) | 334,300<br>(100.0) |
| 大型運転者 | 165,500<br>(51.5%) | 78,500<br>(24.4%) | 66,600<br>(20.7%) | 10,800<br>(3.4%) | 321,400<br>(100.0) |
| 中型運転者 | 141,500<br>(56.2%) | 50,500<br>(20.1%) | 48,900<br>(19.4%) | 10,900<br>(4.3%) | 251,800<br>(100.0) |
| 準中型運転者 | 163,700<br>(61.3%) | 46,700<br>(17.5%) | 45,000<br>(16.8%) | 11,800<br>(4.4%) | 267,200<br>(100.0) |
| 普通運転者 | 164,900<br>(74.3%) | 24,900<br>(11.2%) | 28,000<br>(12.6%) | 4,000<br>(1.8%) | 221,800<br>(100.0) |

全体の約4分の1の水準となっています。

　歩合給の割合が最も高い職種が大型運転者で、大型運転者は長距離輸送に従事する割合が高いと推察されますが、長距離輸送と歩合給制は親和性が高いため、このような特徴が出ていると考えられます。

# Ⅳ

# 歩合給制に対する批判

　長い歴史を持つ歩合給制ですが、それに対する否定的な考え方は少なからず存在します。

　歩合給獲得のため、社員が目先の「個人の成果」にとらわれて、利己的な行動をとり、チームワークを乱すことになる、あるいはその結果組織としての中長期的な利益を損ねる、というのが代表的な否定的見解です。平たく言えば、個人としてのパフォーマンスは上がる可能性があるけれど組織全体としてはマイナスが大きい、という見方です。

　人事労務の専門家が、歩合給制は非人間的な仕組みであるとして、嫌悪感をあらわにすることさえあります。しかしながら、歩合給制は立派な賃金制度です。ただし、適用できる業種や職種は限定されますし、「歩合制を導入すればモチベーションが高まるだろう」などと安易に考えるべきではありません。

　歩合給制に関する批判は、このような安易な導入に対してなされるべきものであるように思われます。

# V

# 歩合指標は自由に設定できるのか

自由度の高さゆえに疑問を感じてしまう経営者が多い

　歩合給制に関して受ける典型的な質問の一つは、「歩合計算の基となる売上や距離などの指標は、勝手に決めてしまってよいのでしょうか?」というものです。

　トラック運送業の場合、「売上高×○%と距離×○円を合計する」「(売上高-高速代)×○%」といった歩合の計算方法を設定することがあるのですが、この質問は、その計算法法として、売上高に単純に歩合率を掛けるのならまだしも、異なる2つの指標を組み合わせたり、売上から高速代などの経費を差し引いたうえで歩合率を掛けたりするなど、経営側に都合が良さそうに見える方法をとってもよいのだろうか、という疑問から来るものです。もう少し噛み砕いて説明すると、そのような裁量が本当に経営者に認められるのだろうか、という素朴な気持ちであると思われます。

　労基法を代表格とする日本の労働法制は非常に細かくて強い規制が多く、企業は労務管理の分野で手足を縛られているような窮屈さを感じています。そのため、歩合指標の設定においても、経営者が白いキャンバスにフリーハンドで絵を描けるような自由度を有しているとはとても思えない、という気持ちになるのでしょう。

**歩合指標の設定に関する記述**

　旧労働省が編集を行った「労働用語辞典」（平成9年　日刊労働通信社）では、「歩合制」が次のように定義されています。

---

　【歩合制】
　労働者の成績に応じて賃金が支払われる出来高払賃金制度の一種。歩合制によって支払われる賃金を歩合給という。主として保険事業等の外交員や自動車運転者などに対する賃金制度として用いられる。具体的にタクシーやトラックなどの自動車運転者に適用される歩合給を例にとれば、①賃金が運賃収入、走行キロ、運搬量等（以下、運賃収入等という。）と同じ割合で変化する一律歩合給、②運賃収入等を数区分し、区分された運賃収入等別に異なる歩率（一般には逓増する）で歩合給を算定してこれを合算する積算歩合給、③運賃収入等を数区分し、区分された運賃収入等によって逓増する歩率で算定する累進歩合給、④自動車運転者の運賃収入等から、一定の方法により計算した燃料費等の諸経費などを控除した金額を、労使間の一定の配分率に基づいて、自動車運転者に支給する運収還元制、などがある。

---

　ここでは、歩合指標について、運賃収入、走行キロ、運搬量などが例示されています。歩率が運賃収入等によって逓増する仕組みや運賃収入等から燃料費等の諸経費を控除する方法についても、述べられています。こうした方法は、現在においてもトラック運送業で実際に行われている内容です。
　結論からいえば、どのようなルールで賃金を支払おうとも、法令や公序良俗に反しない限り、当事者（使用者と労働者）の自由です。もちろん、労働者がそうした仕組みに納得するかどうかは別問題ですが、通常、使用者が歩合給制度を設けたうえでその内容に納得した労働者が雇用契約を結びますので、そのこと自体に問題があるわけでは

ありません。

　また、固定給中心の賃金制度から歩合給中心の賃金制度への変更を行うことについても、労働者が自由意思でそれに同意すれば、労働契約、労働条件の変更は可能です。

第3章　オール歩合給制について

# Ⅵ

# 焦点となる割増賃金

　賃金制度の自由な設計に制約がかかるのが、強行法規に触れるケースです。典型的なのが、労基法 37 条に規定される割増賃金の支払いに関連する部分です。割増賃金は、その未払いに対して「6 箇月以下の懲役又は 30 万円以下の罰金」が規定されていることでもわかるように、きわめて強い規制力も持つものです。

　国際自動車事件最高裁判決（令和 2 年 3 月 30 日）で問題にされたのも、歩合給計算の過程に組み込まれた割増賃金分を控除する算定式です。

　第 1 章で述べたとおりこの判決の影響は大きく、歩合給計算の中で割増賃金分を控除したり歩合給の何割かを割増賃金として支払ったりする方式は、今後違法とされる可能性があると考えなければなりませんが、ここでも焦点となるのは、強行法規である割増賃金に関する部分についてです。原則的な方法で割増賃金が支払われていれば、このような争いになる余地はありません。

　オール歩合給制においては、割増賃金の発生額が固定給制と比べて相対的に小さくなります（第 1 章Ⅵ 41 ページ参照）。そのため、個人単位で職務を遂行し、長時間労働による未払い残業代が発生しやすい職種へのオール歩合給制の適用は、未払い残業代リスク回避の観点からは非常に合理性が高いと考えられます。

# Ⅶ

# 労使にとっての歩合給制導入の
# メリット

## Ⅶ-1 経営者にとってのメリット

### （1） 売上、利益や運搬量などの出来高に応じた支払いができる

　経営者にとって理想的な賃金制度は、労働者の生み出す価値の大きさに応じて賃金額が決まる仕組みです。一般に経営者は、労働者が生み出した価値に対して支払いを行いたいというのが正直なところです。生み出す価値にかかわらず支給額が変わらない賃金の仕組みや労働時間の長さに応じて支払額が増加することには納得がいかないのです。

　また、サービス経済化が進み、平成22年の国勢調査において第3次産業で働く人の割合が全体の7割を超えました。平成27年の同調査でもその割合は微増しています。一般に、第3次産業では企業の総費用に占める人件費の割合が大きいので、売上や利益に対していかに人件費を適切な水準に保つかが、経営のポイントとなります。運送や販売、各種サービスなどは第3次産業であり、人件費の適切なコントロールを実現する労務管理や賃金制度が求められています。仮に人件費が売上に比例して変化する変動費となれば、売上の減少に見舞われても耐えていける余地が大きくなります。

　歩合給制は、売上、利益や運搬量などの出来高に応じた支払いを行いますから、この点に関しても、経営者にとって非常に望ましい仕組みであるといえます。もちろん、人件費の全額を変動費にすることはできませんが、その一定割合を変動費化することは可能であり、オール歩合給制を適用すれば、その割合が一層大きくなります。

## （2）　特別な割増賃金の計算方式が適用される

　もう一つの大きな要素が、歩合給制に適用される特別な割増賃金の計算方式です。

　歩合給制においては、時間外労働に対する割増賃金の額が、固定給制に比べて非常に小さい値になります。

　歩合給制以外の時間に対して支払う通常の賃金制度では、同じ仕事をこなす場合、時間を長くかければかけるほど賃金額は大きくなり、法定労働時間を超えればさらに割増賃金の支払いが必要になります。これは、経営的には本来看過できない矛盾なのですが、歩合給制ではその矛盾が比較的小さくて済みます。

　このように、歩合給制は経営者にとって非常に大きなメリットがある魅力的な仕組みなのですが、そのメリットは労働者にとってはむしろデメリットといえるものです。労働者にとっても良い点がなければ、歩合給制は受け入れられるものではありません。

## Ⅶ-2　労働者にとってのメリット

## （1）　やればやっただけ収入が増える

　では、労働者にとっての歩合給制のメリットとは何でしょうか。その1つは、仕事をやればやっただけ収入が増えるということです。特に生産性が高い労働者、労働意欲の高い労働者、高い収入を必要としている労働者などにとっては、大きなメリットになります。逆に仕事量が減ったときには売上や出来高も下がり、収入減に見舞われます。つまり労働者にとってのリスクを含む制度です。

　そもそも歩合給制は経営者にとってメリットの大きい仕組みなので、固定給制の場合と比べて平均的な賃金額が変わらないとするならば、労働者は納得がいかないはずです。

したがって、平均な賃金額は受取額が固定給制を少しでも上回る水準に設定することが一般的です。少なくとも並の働きをすれば固定給制の賃金額を上回り、労働者が努力を重ねれば収入をさらに増やすことが可能になるからです。もし、そのような特徴がないとすると、労働者は定着しないでしょう。

「やればやっただけの収入」という特徴を持つために、歩合給制で働いた経験があるトラックドライバーや営業社員は、歩合給制を好むことがめずらしくありません。しかも、この傾向は、トラックドライバーや営業社員に限らず医師にもみられます。

勤務医を対象に行った Web 調査（医療関連サービスの提供を行うエムスリー株式会社が平成 27 年に実施）によれば、外来のコマ数や手術数など、実績に応じて医師の収入を変動させる歩合制の給与体系導入に関する質問に対して、賛成意見が反対意見の倍以上を占めたのです。具体的には、「導入すべき」または「どちらかと言えば導入すべき」が全体の 48.5％、「導入すべきではない」または「どちらかと言えば導入すべきではない」が 21.5％、「どちらとも言えない」が30.0％でした。

賛成理由として、「働く医者と働かない医者が同じ給料ではやってられない」、「モチベーションの一つになると考えるから」などがあり、反対理由としては「患者数などで出来高払制を導入されると時間がかかる患者を避ける傾向が出るのではないか？」、「利益を念頭におきながらの診療は、臨床現場の各場面において（手術適応等）判断を歪める可能性が大きいと考える」などがありました。

マイナスの要素はあるものの、「やればやっただけ収入になる」という原則は、労働者にとって魅力的なものであることがわかります。

## （2） 生産性の低い労働者の割りを食わずに済む

労働者にとっての2つ目のメリットについて、工場内で数人が集まって部品への組付け作業（作業は各人が単独で行うものとします）

を行い、その賃金が①時給単価で支払われる場合と、②出来高払制（オール歩合給制）で支払われる場合とを比較することで、考えてみたいと思います。

## ①　賃金が時給単価で支払われる場合

賃金は時給で支払われます。つまり、働いた時間に時給単価を掛けて賃金額が決まります。

時給単価はスキルによって変えられており、生産性の違いをある程度反映していますが、時給単価の差は最大2割程度で生産性の違いはそれ以上に大きいので、スキルの高い労働者の生産性とスキルの低い労働者の生産性の差は、時給単価以上に大きいといえます。

一定の確率で作業不良の製品が発生しますが、そのロス分を賃金から控除することは仕組み上難しいので、不良率を下げるよう注意することにとどまります。

また、管理者の目が届かない場合は全体に作業効率が落ちる傾向があります。

## ②　賃金が出来高払制（オール歩合給制）で支払われる場合

出来高払制なので、組付け作業をした部品（製品）1個につき一律に決められた単価を掛けたものが、歩合給として支払われます。作業不良の製品が発生した場合はその分が出来高とみなされず、賃金計算から除かれますので、生産性の違いがそのまま賃金に反映されます。

また作業ペースは就業時間内に仕上げられる数に影響しますので、各人が遠慮なく自分のペースで行い、周りのペースに合わせて全体の作業効率が落ちるといったことは起きません。

①と②を比較すると、生産性の違いをそのまま賃金に反映できるのは、②のほうです。

なぜなら、①の場合、生産性の違いをそのまま時給単価に反映すると時給格差が大きくなり過ぎるので、多少の差を付ける程度の対応に

ならざるを得ないからです。しかも作業不良によるロス分を賃金から控除することもできないため、生産性の低い労働者に対する賃金は、生産性の高い労働者に比べて割合としては払い過ぎ、ということになります。この払い過ぎの分と不良発生によるロス金額については、費用としてどこかに織り込まなければならず、実際には生産性の高い労働者が生み出した時給見合い分以上の付加価値でカバーすることになります。

　つまり、①の場合、生産性の高い労働者の時給単価が貢献度に比べて低く設定されることで、全体収支のバランスが取られていると解釈できます。一方、②の場合は、一単位の価値を生み出す労働（出来高）に対して同じ額（歩合給）が支払われることから、究極の同一労働同一賃金であるといえ、出来高払制の単価に関して不満が生じる可能性はありますが、賃金額についての疑義が生じる余地は大きくないはずです。

## （3）　自己効力感が得られる

### ①　出来高払制では自分の成果に労働者の意識が向かう

　(2)の①と②では、働き手の意識が向かう先も異なります。

　①の労働者は労働時間に対して賃金が支払われており、作業能率と賃金額は無関係ですが、複数人で作業をしている以上、自分以外の労働者がどの程度のスピードで作業を行うかが気になります。作業が遅い労働者は少し無理をして全体のペースに追いつこうとする傾向が生まれる一方、作業が早い労働者は少しスピードを落として全体のペースに合わせようとするかもしれません。

　このような状況にある労働者の意識は、他者の作業スピードや労働時間の経過に向かっていると考えられます。

　それに対して、②の労働者は出来高に対して賃金が支払われますから、働き手の意識は自身が作業を完了していく出来高、つまり成果に向けられることになります。他者の作業スピードにも注意が行く可能

性はありますが、①ほどではなく、基本的に自身のペースで作業を行える余地が大きいと考えられます。

　実は、働いている間の意識をどこに向けていられるかは、働くことの動機付けという労働の根本部分に、大きく影響します。次にそれを見ていきましょう。

## ②　人間には成果に対して喜びを感じる本能がある

　行動への動機付けは様々ですが、人が働くことの動機付けは本能に深く根ざしています。人類は、その歴史の99％以上を狩猟採集民として集団を形成して協力しながら生きてきました。人間の肉体および心のメカニズムは、今も狩猟採集生活に最適化したものであるといわれています。

　狩猟採集生活においては、狩りができるようになったり木の実や食べられる草を探し判別できるようになったりして、能力を獲得することに喜びを感じます。そして、獲物を捕らえたり果実などを摘み取ったりして得られた成果に対して喜びを感じます。どちらもいわゆる「自己効力感」につながるものですが、こうした作用が、現在も人が働く動機付け、モチベーションの根底にあると考えられます。

　出来高払制では、働く間の意識は自ずと成果に向かいます。成果に意識を向けながら体を動かしていくことは、人が狩猟採集の時代から繰り返してきた自然な行為なのです。

　一方、時間に拘束される「労働」はもちろんのこと、そもそも一日を均等に区切っていく「時間」という概念自体、人類の歴史から見たら非常に新しいものです。一定時間作業を強制されるというスタイルは、人間の本来の姿からすれば決して自然なものではありません。会社員が独立開業やフリーランスを志向したり、子どもたちがYouTuberを目指したりするのは、時間によって縛られる働き方への本能的な拒絶なのかもしれません。

### ③　成果に意識が向かう働き方は満足度が高い傾向にある

　「フリーランス実態調査」（内閣官房が令和元年に行い約7,500人が回答。複数回答可）によれば、フリーランスという働き方を選択した理由の1位は「自分のスタイルで働きたいため」（57.8%）、2位は「働く時間や場所を自由にするため」（39.7%）で、3位の「収入を増やすため」（31.7%）を上回りました。

　収入については約6割のフリーランスが不満を持っている一方、7割以上が「仕事上の人間関係」、「就業環境（働く時間や場所など）」、「プライベートとの両立」、そして「達成感や充足感に満足している」、という結果も示されました。収入に対する不満にもかかわらず7割以上が達成感や充実感に満足しているというのは、注目すべき結果です。

　出来高払制、歩合給制はあくまで雇用契約における賃金制度の一形態であり、雇用契約である以上時間の制約がなくなるものではありません。しかし比較論として、働き手の能力や意欲が成果に反映され、その成果が数値的に把握できる一部の職種においては、時間制よりも出来高払制・歩合給制のほうが、人間の本性に合致した自然なものであり、働き手のモチベーションも高まる可能性があると考えられます。

第4章

歩合給の法的取扱い

歩合給適用者であっても、当然のことながら労働者として労基法をはじめとする各種法令の適用をすべて受けます。ただし、歩合給は一般的な固定給制とは法的な扱いが異なる点がいくつかあります。割増賃金の計算方法が異なることが特に知られていますが、ここで歩合給の法的取扱いを確認してみることとします。

# I

# 平均賃金の算定方法

　平均賃金は、労基法で定められている補償などの算定の基準となる金額で、以下の場合に適用されます。

① 解雇予告手当（労基法 20 条）
② 休業手当（労基法 26 条）
③ 年次有給休暇の賃金（労基法 39 条）
④ 労働者が業務上負傷し、もしくは疾病にかかり、または死亡した場合の災害補償
　休業補償（労基法 76 条）
　障害補償（労基法 77 条）
　遺族補償（労基法 79 条）
　葬祭料（労基法 80 条）
　打切補償（労基法 81 条）
　分割補償（労基法 82 条）
⑤ 減給の制裁の制限額（労基法 91 条）

計算方法は、月によって定められた賃金の場合は、ⅰ）の原則的方法によりますが、日給制、時給制、出来高払制の場合は、次のⅰ）、ⅱ）のいずれか高いほうの額とすることになっています。世の中の賃金の多くは月額賃金制で、平均賃金の算定方法はⅰ）だけであると勘違いしやすいので、注意が必要です。

### ⅰ）原則的方法（労基法 12 条 1 項）

$$平均賃金 = \frac{事由発生日以前３カ月間の賃金総額}{事由発生日以前３カ月間の暦日数}$$

### ⅱ）最低保障額（労基法 12 条 1 項 1 号）

$$最低保障額 = \frac{事由発生日以前３カ月間の賃金総額}{事由発生日以前３カ月間の実労働日数} \times \frac{60}{100}$$

※ⅰ）ⅱ）ともに賃金締切日がある場合は、直前の賃金締切日から起算する

# Ⅱ

# 割増賃金の計算方法

### Ⅱ-1 割増賃金の計算方法

　歩合給制であれば割増賃金を支払わなくてもよい、とする誤解は少なくありません。割増賃金の支払義務を定めた労基法37条は強行法規であり、歩合給制であっても時間外労働があれば当然時間外割増賃金を支払わなければなりません。休日労働、深夜労働の割増賃金も同様です。

　なお、割増賃金の計算方法は、固定給制の場合とは異なります。

　割増賃金の算定の基礎となる賃金が固定給制（時給、日給、週給、月給他）の場合の1時間あたりの割増賃金額（時間単価）は、以下の①から⑤となります（労基則19条1項1号～5号）。

### ●労基則19条1項1～7号

① 　時間によって定められた賃金については、その金額

② 　日によって定められた賃金については、その金額を1日の所定労働時間数（日によって所定労働時間数が異る場合には、1週間における1日平均所定労働時間数）で除した金額

③ 　週によって定められた賃金については、その金額を週における所定労働時間数（週によって所定労働時間数が異る場合には、4週間における1週平均所定労働時間数）で除した金額

④ 　月によって定められた賃金については、その金額を月における所定労働時間数（月によって所定労働時間数が異る場合には、1年間における1月平均所定労働時間数）で除した金額

⑤　月、週以外の一定の期間によって定められた賃金については、前各号に準じて算定した金額

⑥　出来高払制その他の請負制によって定められた賃金については、その賃金算定期間（賃金締切日がある場合には、賃金締切期間、以下同じ）において出来高払制その他の請負制によって計算された賃金の総額を当該賃金算定期間における、<u>総労働時間数で除した金額</u>

⑦　労働者の受ける賃金が前各号の二以上の賃金よりなる場合には、その部分について各号によってそれぞれ算定した金額の合計額

　この計算により求められた時間単価に対して時間外労働時間数を掛け、時間外労働であれば125％以上（60時間超の場合は150％以上）、法定休日労働については135％以上、深夜労働については25％以上の割増賃金の支払いが必要となります。

　例えば、「月によって定められた賃金」についての時間外労働の割増賃金単価は以下の計算式で算出します。

$$1\text{時間あたりの割増賃金額} = \frac{\text{月額賃金額}}{(\text{月（平均）所定労働時間数})} \times 1.25（\text{法定休日の場合 }1.35）$$

## Ⅱ-2　計算事例

　具体的な事例で考えてみましょう。

### （1）　固定給の場合

　月平均所定労働時間170時間、時間外労働40時間、月額制賃金30万円とすると、時間外割増賃金額は次のとおりです。

$$\text{時間外割増賃金額} = \frac{300,000\text{円}}{170\text{時間}} \times 1.25 \times 40\text{時間} = \underline{88,235\text{円}}$$

## （2）　出来高払制の場合

　これに対して、出来高払制の場合は、労基則19条1項6号によって次の計算式で単価計算を行います。

$$1時間あたりの割増賃金額＝\frac{出来高払制賃金の総額}{算定期間における総労働時間}×0.25（法定休日の場合0.35）$$

　固定給制の場合と同じく、月平均所定労働時間170時間、時間外労働40時間、この場合の歩合給30万円とすると、時間外割増賃金額は次のとおりです。

$$時間外割増賃金額＝\frac{300,000円}{170時間＋40時間}×0.25×40時間＝\underline{14,286円}$$

　時間単価を計算する際の分母が、固定給制の場合は所定労働時間数となりますが、出来高払制の場合は、総労働時間数となる点が大きな特徴です。そして、割増率は固定給制の場合が1.25（法定休日の場合1.35）であるのに対して、出来高払制の場合は0.25（法定休日の場合0.35）となるのです（昭和23年11月25日基収第3052号）。これは、1.25（法定休日の場合1.35）のうち、1の部分は出来高払いで既に支払い済みであるという考え方によっています。
　割増賃金単価の計算において、固定給制の場合に比べて分母の数字が大きくなること、割増率が、1.25ではなく0.25になることから、出来高払制の場合の割増賃金額は固定給制の88,235円に比べて非常に低い金額である14,286円となります。

## （3）　固定給と出来高払賃金の組合せで支払われる場合

　なお、賃金が固定給と出来高払賃金の組合せで支払われる場合、それぞれの部分について、それぞれの方法で計算した金額の合計額が割増賃金となります（労基則19条1項7号）。

上記 **（1）・（2）** と同条件で、月平均所定労働時間 170 時間、時間外労働 40 時間、月額制賃金 15 万円、歩合給 15 万円とすると、時間外割増賃金額は次のとおりとなります。

$$固定給部分の時間外割増賃金額 = \frac{150{,}000\,円}{170\,時間} \times 1.25 \times 40\,時間 = \underline{44{,}118\,円}$$

$$歩合給部分の時間外割増賃金額 = \frac{150{,}000\,円}{170\,時間 + 40\,時間} \times 0.25 \times 40\,時間 = \underline{7{,}143\,円}$$

$$時間外割増賃金合計 = 44{,}118\,円 + 7{,}143\,円 = \underline{51{,}261\,円}$$

# Ⅲ

# 年次有給休暇を取得した場合の賃金

　年次有給休暇中の賃金については、次の3通りの支払方法があります。①・②は就業規則等に定めれば実行できますが、③については、過半数労働組合または労働者の過半数代表者との書面による協定が必要となります。

> ①　平均賃金（労基法 39 条9項）
> ②　所定労働時間労働した場合に支払われる通常の賃金（労基法 39 条9項）
> ③　健康保険法の標準報酬月額の 30 分の1に相当する金額（労基法 39 条9項、労則 25 条6項）

　①と③については、平均賃金あるいは標準報酬月額の 30 分の1の金額を支払うだけであり、歩合給制でも特別なことはありません。歩合給制において注意が必要なのは、②の「通常の賃金」を支払う場合です。

## Ⅲ-1　「通常の賃金」を支払う場合の計算方法

　この場合、次の労基則 25 条1項6号の方法で計算します。

●労基則25条1項6号

> 出来高払制その他の請負制によって定められた賃金については、その賃金算定期間（当該期間に出来高払制その他の請負制によって計算された賃金がない場合においては、当該期間前において出来高払制その他の請負制によって計算された賃金が支払われた最後の賃金算定期間。以下同じ。）において出来高払制その他の請負制によって計算された賃金の総額を当該賃金算定期間における総労働時間数で除した金額に、当該賃金算定期間における1日平均所定労働時間数を乗じた金額

つまり、以下の算定式によるところとなります。

出来高払制における「通常の賃金」

$$=\frac{出来高払制賃金の総額}{算定期間における総労働時間}×算定期間における1日平均所定労働時間数$$

## Ⅲ-2 固定給と歩合給の組合せで支払われる場合の計算方法

　労働者の受ける賃金が固定給と歩合給の組合せで支払われる場合は、固定給部分と歩合給部分について、それぞれ算定した金額の合計額となります（労基則25条1項7号）。これは、割増賃金計算と共通する方式です。

　仮に月額固定給が20万円、出来高払制による歩合給が10万円、算定期間における総労働時間が200時間、1日の所定労働時間数を8時間とし、有給休暇を1日取ったとすると、固定給部分は控除せずにそのまま支払うことになるので、歩合給部分だけ別途計算して支払えば足ります。

　算定式にあてはめると、次のとおりとなります。

出来高払制の「通常の賃金」

$$= \frac{\text{出来高払制賃金の総額}}{\text{算定期間における総労働時間}} \times \text{算定期間における1日平均所定労働時間数}$$

$$= \frac{10\,\text{万円}}{\text{算定期間における総労働時間}\,200\,\text{時間}} \times 8\,\text{時間} = 4{,}000\,\text{円}$$

　つまり、固定給部分は20万円を欠勤控除せずにそのまま支給されますが、1日分の年次有給休暇賃金は、歩合給部分として4,000円が別途支給されることになります。

　これは、有給休暇を取得しなかったとしたら、1日の所定労働時間を働いてその程度の歩合給を獲得できたであろう、という考え方によるものです。

　固定給と歩合給の併用方式の場合で、現実によく見られるのは、固定給部分を欠勤控除せずにそのまま支給して、歩合給部分を計算して別途支給していないケースです。これは、強行法規である労基法に反する計算方法です。

## Ⅲ-3　どの方式を採用するのがよいか

　年次有給休暇の賃金には、当然のことながら歩合給分も反映されています。①、③はもともと歩合給分も含まれて年次有給休暇の賃金が計算されています。②については、上記方法によって歩合給の加算分が計算されます。

　実務の観点から年次有給休暇の賃金計算の3方式を見ますと、①と②は、賃金算定期間ごとに再計算が必要になります。それに対して、③の場合、前提として労使協定は必要になるものの、標準報酬月額に変更がなければ都度計算をする必要はありません。

　3つの方式のうち、②の金額が最も高くなる可能性があり、働き手に有利と考えられますが、計算方法自体はわかりにくいと思われま

す。また、事務負担の大きさは、②＞①＞③の順になります。こうした特徴を踏まえて、どの方式を選ぶかを検討する必要があります。

## Ⅲ-4 欠勤控除について

　歩合給部分に関し、欠勤控除という概念はありません。そもそも歩合給には割増賃金と保障給を除けば、時間に対して支払うという考え方がありません。ノーワーク・ノーペイの原則も成果を通じて実現しますので、欠勤控除の方法がないともいえます。

　そうすると、固定給と歩合給の併用方式の場合は、固定給部分についてのみ欠勤控除があり得ますが、オール歩合給制の場合は欠勤控除は行えない、ということになります。ただし、正当な理由なく欠勤を行ったことに対して懲戒処分として減給の制裁を行うことは、理論的に可能です。

# Ⅳ

# 出来高払制の保障給

労基法は、歩合給制を適用する労働者に対して「労働時間に応じ一定額の賃金の保障」を求めており、それが「出来高払制の保障給（労基法27条）」といわれるものです。以下、その内容を確認していきます。

## Ⅳ-1 保障給が関係するケースとは

保障給が関係しそうなケースは、3つあります。**(1)** 労働者の責により労働に従事しない場合、**(2)** 使用者の責に帰すべき事由により休業を余儀なくされた場合、**(3)** 業務に就いたものの歩合給が極端に低くなった場合です。それぞれにおける保障給の設定の要否は、次のように整理されます。

### (1) 労働者の責により労働に従事しない場合

右の通達に明示されているとおり、労働者が自身の責に帰すべき事由によって労働に従事しない場合、当然歩合給も発生しませんが、これに対して使用者は、ノーワーク・ノーペイの原則により、何ら対価を支払う義務はありません（年次有給休暇の取得などの場合は除く）。

●昭和23年2月2日基発1639号

> 法第27条の「出来高払制の保障給」は、労働者の責にもとづかない事由によって仕事が少なくなりその賃金が極端に低額になる場合における最低保障給を要求しているのであって、労働者が労働しない場合には、出来高払制たると否とを問わず本条の保障給は支払う義務はない。

## （2） 使用者の責に帰すべき事由により休業を余儀なくされた場合

　使用者の責に帰すべき事由とは、販売職種において商品在庫が不足し営業活動ができないような場合や、運送業において受注が不足しドライバーに運送業務の割当てができないような場合です。

　出来高払制においては、労働者は成果をあげなければ賃金が発生しないことになるので、何らかの対応が必要になります。以下の『改訂新版 労働基準法上－労働法コンメンタール③－』（厚生労働省労働基準局編 平成17年労務行政。 以下、「コンメンタール上巻」という）にある記述のとおり、この場合は、保障給（労基法27条）ではなく、休業手当（労基法26条）の支払対象となります。

> 　休業が使用者の責に帰すべき事由によるときは、前条（労基法26条休業手当）の規定が適用される。　　　　（「コンメンタール上巻」372頁）

## （3） 業務に就いたものの、歩合給が極端に低くなった場合

　労働者が業務に就いたものの、結果として歩合給が非常に低くなった場合、労働基準法は保障給の支払いを求めています（労基法27条）。これが出来高払制の保障給です。

　なお、次の通達によれば、賃金構成からみて固定給の部分が賃金総額中の概ね6割程度以上を占めている場合には、保障給の設定は不要とされています。

IV　出来高払制の保障給

## ●労基法 27 条

　出来高払制その他の請負制で使用する労働者については、使用者は、労働時間に応じ一定額の賃金の保障をしなければならない。

## ●昭和 22 年 9 月 13 日基発 17 号

　本条（労基法 27 条）は労働者の責に基かない事由によって、実収賃金が低下することを防ぐ趣旨であるから、労働者に対し、常に通常の実収賃金と余りへだたらない程度の収入が保障されるように保障給の額を定めるように指導すること。

　なお、本条の趣旨は全額請負給のみならず一部請負給についても基本給を別として、その請負給について保障すべきものであるが、賃金構成からみて固定給の部分が賃金総額中の大半（概ね 6 割程度以上）を占めている場合には、本条のいわゆる「請負制で使用する」場合に該当しないと解される。

## Ⅳ-2　保障給の額

　保障給の額について、法令では定めがありません。コンメンタールでは以下のとおり、少なくとも平均賃金の 6 割程度を保障すべきと述べられています。これは休業手当と同じ計算となるため、対応が実務的でわかりやすいと考えられます。

　【保障給の額に関して】大体の目安としては、休業の場合についても前条（休業手当）が平均賃金の 100 分の 60 以上の手当の支払を要求していることからすれば、労働者が現実に就業している本条の場合については、少なくとも平均賃金の 100 分の 60 程度を保障することが妥当と思われる。　　　　　　（「コンメンタール上巻」373 頁）

## 自動車運転者についての特別な扱い

　自動車運転者の労働時間等については、その改善を図るために特別な検討が行われてきており、いわゆる「改善基準告示」として取りまとめられ、随時、改定もされています。

　その改善基準告示に関連した通達で、保障給部分について以下のように示されており、「通常の賃金の６割以上」という水準が要求されています。暦日数を分母として計算する「平均賃金の６割」よりも、労働日数を分母として計算する「通常賃金の６割」のほうが、当然高い金額になります。これは、自動車運転者の労働条件を改善しようとする政策的な意図によるものです。

### ●平成元年３月１日基発93号

> 　歩合給制度が採用されている場合には、労働時間に応じ、固定的給与と併せて通常の賃金の６割以上の賃金が保障されるよう保障給を定めるものとすること。

## 保障給に関連する罰則

　労基法27条の規定に違反して賃金の保障をしない使用者は、30万円以下の罰金に処せられます（労基法120条１号）。

　保障については、結果として保障すれば済むものではなく、就業規則や労働契約等にあらかじめ定めておく必要があり、その対応がない場合は違法となりますので、注意が必要です。

「保障をする」とは、現実に保障給を支払うという意味だけでなく、保障給を定めるという意味をも含むものと解されるから、保障給を定めないというだけでも本条違反が成立すると考えられる。ただし、本条はその定めの形式を問わないから、労働契約その他によって定められていればよく、就業規則に定めないことが直ちに本条違反となるものではない。　　　　　　　　　　　　　　　　　（「コンメンタール上巻」374頁）

# V

# 出来高払制の保障給の規定方法

## V-1 平均賃金を基準とするもの

　平均賃金を基準とした保障給の規定方法を以下に示します。ただし、第4章Ⅳのとおり自動車運転者については通常賃金の6割以上の保障が求められていますので、平均賃金方式は適切ではありません。

### （1）　オール歩合給制の場合の規定例

　実労働時間あたりの歩合給が、平均賃金を1日の所定労働時間で除した金額の6割に満たない場合は、その水準に至るまで歩合給を増額支給する。

### （2）固定給と歩合給の併用の場合の規定例

　実労働時間あたりの固定給と歩合給の合計額が、平均賃金を1日の所定労働時間で除した金額の6割に満たない場合は、その水準に至るまで歩合給を増額支給する。

　平均賃金は1日あたりの概念なので、これを時間単位に直す必要があります。平均賃金は割増賃金を含みますが、比較対照する当月の時間あたり歩合給（＋固定給）は、割増賃金を含まないものです。しかし、休業手当等に使用される平均賃金の性格に鑑みれば、支障はない

と考えられます。時間外労働がある場合、保障給とは別に割増賃金算定が必要なことは言うまでもありません。

## V-2 過去３カ月間の支給実績との比較によるもの

次の２例は、「過去３カ月間の実績」という賃金支給実績と比較して保障給を規定する方法であり、いずれも時間あたりの固定的な保障給水準を設定するものではありません。

### （１）　オール歩合給制の場合の規定例

> 実労働時間あたりの歩合給が、過去３カ月分の歩合給をその期間の総労働時間数で除した金額の６割に満たない場合は、その水準に至るまで歩合給を増額支給する。

### （２）固定給と歩合給の併用の場合の規定例

> 実労働時間あたりの固定給と歩合給の合計額が、過去３カ月分の固定給と歩合給の合計額をその期間の総労働示間数で除した金額の６割に満たない場合は、その水準に至るまで歩合給を増額支給する。

## V-3 過去水準および固定的水準との比較によるもの

固定的水準を時給で設定する方法が保障給の最もシンプルな規定方法ですが、それだけでは過去水準との乖離が大きくなるおそれがあります。固定的な水準を設定する場合は、併せて過去水準との比較も行うことが、バランス上望ましいといえます。

## （1）　オール歩合給制の場合の規定例

> 　実労働時間あたりの歩合給が、以下の各号の時間単価のうちいずれか高いほうに満たない場合は、その水準に至るまで歩合給を増額支給する。
> 　ⅰ）　1,200円
> 　ⅱ）　過去3カ月分の歩合給をその期間の総労働時間数で除した金額の6割

## （2）固定給と歩合給の併用の場合の規定例

> 　実労働時間あたりの固定給と歩合給の合計額が、以下の各号の時間単価のうちいずれか高いほうに満たない場合は、その水準に至るまで歩合給を増額支給する。
> 　ⅰ）　1,200円
> 　ⅱ）　過去3カ月分の固定給と歩合給の合計額をその期間の総労働時間数で除した金額の6割

　例えば、上記（1）の1,200円を時間あたり保障給として支給するケースで、月平均所定労働時間173時間、時間外労働時間50時間の場合、割増賃金を含む賃金総額は次のように算出されます。

歩合給（保障給）＝1,200円×（173h＋50h）＝267,600円
割増賃金＝1,200円×0.25×50h＝15,000円
賃金総額＝267,600円＋15,000円
　　　　　＝282,600円

　保障給も歩合給の位置付けなので、時間外労働に対しては歩合給に対する方式によって割増賃金を支払う必要があります。

# VI

# 歩合給と最低賃金

## VI-1 時間あたりの金額が最低賃金額以上かを確認する

歩合給制においては、賃金の変動が非常に大きいこともあり、歩合給が低額だった場合、保障給だけでなく最低賃金の規制に違反しないかを確認する必要があります。

最低賃金法に基づく最低賃金には、地域別最低賃金および特定最低賃金の2種類があり、地域別最低賃金は、産業や職種に関わりなく、都道府県内の事業場で働くすべての労働者とその使用者に対して適用されます。特定最低賃金は、特定地域内の特定の産業の基幹的労働者とその使用者に対して適用されるものです。

最低賃金は時間額で定義されていますので、最低賃金額以上となっているかどうかの確認は、賃金額を時間あたりの金額に換算し、都道府県ごとに定められた最低賃金額（時間給）と比較して行います。

## VI-2 確認方法

最低賃金の対象となる賃金は、具体的には毎月実際に支払われる賃金から次の①〜⑥の賃金を除外したものです。歩合給制をめぐる誤解の1つに、「歩合給を除いた固定給で最低賃金をクリアしなければならない」というものがありますが、最低賃金の判定において、除外する必要があるのは以下の賃金だけであり、歩合給を除く必要はありません。

オール歩合給制の場合は、歩合給を実労働時間数で除した時間単価

を最低賃金額と比較することになります。

① 臨時に支払われる賃金（結婚手当など）

② 1カ月を超える期間ごとに支払われる賃金（賞与など）

③ 所定労働時間を超える時間の労働に対して支払われる賃金（時間外割増賃金など）

④ 所定労働日以外の日の労働に対して支払われる賃金（休日割増賃金など）

⑤ 午後10時から午前5時までの間の労働に対して支払われる賃金のうち、通常の労働時間の賃金の計算額を超える部分（深夜割増賃金など）

⑥ 精皆勤手当、通勤手当および家族手当

# Ⅶ

# 社会保険の扱い

　社会保険関係における歩合給に関係する標準報酬月額等の取扱い
は、次のとおりです。

## Ⅶ-1　資格取得時

### （1）　月給・週給など一定の期間によって定められている報酬

　→　その報酬の額を月額に換算した額

### （2）　日給・時間給・出来高給・請負給などの報酬

　→　その事業所で前月に同じような業務に従事し、同じような報酬
　　を受けた人の報酬の平均額

## Ⅶ-2　定時決定

### （1）　対象

　→　7月1日現在の被保険者
　→　4月・5月・6月に受けた報酬（報酬総額）の平均額を標準報
　　酬月額等級区分にあてはめて算定する（支払基礎日数が17日
　　以上の月の平均額）

## （2） 定時決定は行わない人（次のいずれかに該当する人）

→ 6月1日から7月1日までの間に被保険者となった人
→ 7月から9月までのいずれかの月に随時改定、または育児休業
　 等を終了した際の改定が行われる人

## Ⅶ-3　随時改定

### （1）　対象

　次の3つのすべてにあてはまる場合に、<u>固定的賃金の変動があった
月から4カ月目に標準報酬月額を改定します。</u>

・昇（降）給などで、固定的賃金に変動があったとき
・固定的賃金の変動月以後継続した3カ月の間に支払われた報酬の
　平均月額を標準報酬月額等級区分にあてはめ、現在の標準報酬月
　額との間に2等級以上の差が生じたとき
・3カ月とも報酬の支払基礎日数が17日以上あるとき

### （2）　固定的賃金とは

　固定的賃金とは、基本給・家族手当・役付手当・通勤手当・住宅手
当など稼働や能率の実績に関係なく、月単位などで一定額が継続して
支給される報酬をいい、次のような変更も固定的賃金の変動に含まれ
ます。

・昇給（ベースアップ）、降給（ベースダウン）
・給与体系の変更（日給から月給への変更等）
・日給や時間給の基礎単価（日当、単価）の変更
・<u>請負給、歩合給等の単価、歩合率の変更</u>
・住宅手当、役付手当等の固定的な手当の追加、支給額の変更

## （3） 歩合給における「固定的賃金の変動」

→ 単価や歩合率など基本構造が変更になった場合で、他の条件が
揃えば標準報酬月額の随時改定の対象

→ 歩合計算の基本構造が変わらずに、歩合給が大きく増加あるい
は減少したとしても、それは随時改定の対象にならない

# VIII

# オール歩合給制における
# ハローワーク求人票の記入方法

　オール歩合給制の場合、ハローワークの求人票にどのように掲載すればよいかがわからないという問題がありますが、ハローワークによっては、下記のような方法を認めることがあります。

　出来高払制の保障給について時給による定めがある場合に（次ページのケースでは1,200円／時間）、「③賃金・手当」欄の「基本給(a)」欄に記載します。

　システム上、(a)欄は「基本給」、(b)欄は「定期的に支払われる手当（月額又は時間額換算額）」、(c)欄は「固定残業代」、(d)欄は「その他手当等付記事項」となっており、(a)欄に記載すると基本給と表示されてしまいます。

　そのため、(d)欄に基本給ではなく「保障給」である旨の記載を追加します。歩合給の説明についても、(d)欄に記載していきます（記載例は139ページ**図表4-1**参照）。

　なお、求人票への記載方法はハローワークによって対応が異なりますので、確認が必要です。

●基本給(a)　201,600 円

●定額的に支払われる手当(b)　空欄

●固定残業代(c)　空欄

●その他の手当等付記事項(d)

　・基本給(a)は出来高払制の保障給です。

　　（保障給 1,200 円／時間×月平均労働日数 21 日、 1 日の所定労

　　働時間 8 時間）

　・賃金は歩合給制です。

　・月額総額のモデル例：昨年実績は、月額 288,000 円〜429,000 円

## 図表4-1　求人申込書・求人票の記載例

### （求人申込書）

| | | | | | |
|---|---|---|---|---|---|
| ③賃金・手当 | 賃金形態 | 1. 月給　2. 日給　3. 時給　4. 年俸制<br>⑤ その他 [　　オール歩合給制　　] | 賃金の額 | 円～　　　　　　　　　円<br>※フルタイム求人は月給以外、パート求人は時給以外の場合のみ記入 | |
| | 基本給(a) | 201,600 円～<br>　　　　　　円 | | ※フルタイム求人は月額(換算額)、パート求人は時間額(換算額)を記入<br>※基本給に固定残業代が含まれている場合はその分を抜き出して記入 | |
| | 定額的に支払われる手当(月額又は時間額換算額)(b) | 1　　　　　　　　　　　　　手当 | | 円～ | 円 |
| | | 2　　　　　　　　　　　　　手当 | | 円～ | 円 |
| | | 3　　　　　　　　　　　　　手当 | | 円～ | 円 |
| | | 4　　　　　　　　　　　　　手当 | | 円～ | 円 |
| | 固定残業代(c) | 1. あり➡　　　　円～　　　　　　　　　　円<br>2. なし　　固定残業代に関する特記事項：時間外手当は、時間外労働の有無にかかわらず、固定残業<br>代として支給し、＿＿＿＿＿時間を超える時間外労働は追加で支給。 | | | |
| | (a)+(b)+(c) | 円　　　～　　　　　　　円 | | | |
| | その他の手当等付記事項(d) | ・基本給（a）は出来高払制の保障給です。<br>　（保障給 1,200 円／時間 × 月平均労働日数 21 日、1 日の所定労働時間 8 時間）<br>・賃金は歩合給制です。<br>・月額総額のモデル例：昨年実績は、月額 288,000 円～429,000 円 | | | （最大150文字） |

### （求人票）

3　賃金・手当　　　　　　　　　　　　　　　　　　（1／2）

| | | | |
|---|---|---|---|
| 賃金 | 月額（a＋b）　　　　　　円 ～ 　　　　　円<br>※（固定残業代がある場合は a＋b＋c） | | |
| | 基本給(a) | 基本給（月額平均）又は時間額　　　月平均労働日数（21.5 日）<br>　　　　201,600 円 ～ 　　　　円 | |
| | 定額的に支払われる手当(b) | 資格　　　　手当　　　　円 ～ 　　　円<br>処遇改善　手当　　　　円 ～ 　　　円<br>　　　　　　手当　　　　円 ～ 　　　円<br>　　　　　　手当　　　　円 ～ 　　　円 | |
| | 固定残業代(c) | なし　（　　　円 ～ 　　　円）<br>固定残業代に関する特記事項 | |
| | その他手当付記事項(d) | ・基本給（a）は出来高払制の保障給です。<br>　（保障給 1,200 円／時間 × 月平均労働日数 21 日、1 日<br>　の所定労働時間 8 時間）<br>・賃金は歩合給制です。<br>・月額総額のモデル例：昨年実績は、月額 288,000 円～<br>　429,000 円 | |

Ⅷ　オール歩合給制における ハローワーク求人票の記入方法

第 5 章

オール歩合給制賃金制度設計
にあたって検討すべき事項

# I

# オール歩合給制の導入が可能か どうかを検討する

　オール歩合給制の導入は、すべての企業で可能なわけではありません。一部歩合給制であれば導入可能だけれどオール歩合給制は難しいという場合もあれば、一部歩合給制の導入自体も困難な場合もあります。そのため、最初に導入が可能かどうかの判断を行うことをお勧めします。

　歩合給制賃金が成立するかどうかには様々な要素がありますので、以下では主にトラック運送業のドライバーを対象として確認していきます。

## I-1 歩合指標に関するハードルを確認する

### （1） 安定的な歩合指標の設定ができるか？

　適切な歩合指標が設定できるかが、重要なポイントとなります。トラックドライバーの場合、売上（運送収入）が最もベーシックな指標となります。その売上の季節変動が大き過ぎたり、割り当てるドライバーによって売上金額が極端に違ったりすると、歩合＝賃金額の大きな変動や賃金格差になって表れます。歩合給制は、固定給制賃金に比べて賃金の変動幅が大きいのは前提ではあるものの、あまりにそれが大きいとドライバーの生活に影響が出てしまいます。

　例えば、平均年収1,000万円以上の保険募集人などは、月例賃金の変動が大きめであっても、それによって生活が困窮することは少ないと考えられます。一方、トラックドライバーは、平均年収が300万円台から500万円台で、月例賃金が多い月は60万円だが少ない

月は 20 万円、という具合に変動幅が大きいと、出来高払制の保障給が設定されていても生活不安が生じます。こうした状況では、オール歩合給制の導入は非常に難しいと考えるべきでしょう。

　このような事情があるため、歩合指標が 1 年の中でどのように変化するかを確認する必要があります。

　トラック運送業における歩合指標としては、売上（運送収入）、社内標準運賃、運送量、走行距離、配送件数、立寄り件数、作業内容（手積み、手降ろしなど）、引越回数などが考えられます。こうした選択肢の中で、複数指標の組合せや費用の控除などの細かい点は抜きにして、売上は最も中心的な指標となる可能性が高いので、売上数値が毎月どのように変化しているのかを確認し、それがある程度安定的に推移していくことが、オール歩合給制導入の前提条件になると考えられます。

　なお、指標が 1 つだけでは難しくても、複数組み合わせると歩合給の額が安定する場合があります。例えば、売上と距離の両方を歩合指標にし、それぞれ単価を乗じて結果を合算して歩合給とするような方法です。

　また、歩合指標の変動状況により、オール歩合給制の導入はできなくても、一部歩合給制（固定給＋歩合給制）の導入には踏み切れる場合もあります。

## (2)　ドライバー別の歩合指標データを把握できるか？

　売上等の歩合指標が安定的に推移するとしても、そのデータが正しく把握されなければ、歩合計算ができなくなってしまいます。売上と距離などの指標を複数組み合わせる場合や売上から高速道路代などを減算する場合などは、複雑な歩合計算が必要ですが、それらの歩合指標に係るデータが、正しく、ドライバー別に把握できることが求められます。

　もし指標が適切に把握されていない状態で荒い推測によって導入を

進めてしまうと、想定外の歩合給額になってしまうおそれがあります。

　歩合給のシミュレーションを行うためには、正確なデータを取り検証を行ったうえで導入に踏み切る必要があります。

　データの検証期間は、理想は1年間ですが、数カ月であっても全体を推し量ることができれば、導入は可能になります。

## （3）　歩合指標の締めと賃金支払期間がうまく整合するか？

　歩合指標の締め日が賃金締め日よりも遅くて、賃金支払日に計算が間に合わないケースもあります。ただでさえ歩合計算は通常の賃金額計算よりも複雑で手間がかかるため、固定給＋歩合給の賃金制度においては、歩合給のみ1カ月遅れで支給するようなケースもあります。

　本来、こうした取扱いは賃金支払いの原則に反しますが、割増賃金の例でいえば、大手企業でも割増賃金のみ1カ月遅れて支払うケースはあり、労働基準監督署もこれについては問題にしないという対応をとっているようです。

　しかし、オール歩合給制で支払日を形式的に同じ日にしようとした場合、全額従来よりも1カ月遅れで支払うことになってしまうので、さすがにこれでは労基法違反となります。

　そのため、オール歩合給制の場合、通常の賃金の締め日を変えざるを得ないこともあります。その場合でも、1カ月以内の支払いが必要なことは言うまでもありません。

　例えば、これまで20日締めの翌月5日払いだったが、歩合指標となる売上が月末締めなので月末締めにせざるを得ず、支払日も翌月15日払いあるいは20日払いとなって、10日～15日遅れることになります。

　このように賃金日と支払日を後ろにずらす場合、変更時のタイミングにおいて、何らかの金銭手当が必要になるでしょう。

# I-2 配車管理に関するハードルを確認する

## （1） 運行管理者が適切な配車管理を行えるか？

　第2章Ⅶで配車係の権力濫用問題に触れました（81ページ参照）が、歩合給制においては、配車管理、つまりどのドライバーにどの運送を配分していくかは、運送業の業務遂行そして労務管理のキモとなります。固定給制の場合の配車の偏りとは、意味が違ってきます。配送業務には割の良い仕事と悪い仕事があり、歩合給制の場合、配車の偏りがドライバーの収入にダイレクトに影響することになるからです。

　したがって、運行管理者がドライバーの反発を招かない配車を行えるかどうかが、ポイントとなります。一方で、完全に平等な配車を行うことは困難なので、ドライバーの不満を受け止めて、ある程度納得してもらいながら仕事を進めていく能力も必要になります。

　オール歩合給制の実施にあたっては、配車を担当する運行管理者の人間性や力量も問われるところとなります。

## （2） 歩合ほしさの長時間労働を防げるか？

　タクシードライバーを対象とした厚生労働省の通達では、累進歩合制が禁止されています。累進歩合制とは、「歩合給の額が非連続的に増減するもの」となる歩率の設定方法です。例えば売上歩合で、売上50万円までは歩率30％、売上70万円からは歩率40％になるような仕組みですが、この仕組みでは、売上が境界値である70万円を超えた途端に、売上全体の歩率が一気に40％に上がります。そのため、ドライバーがその境界を超えようとして無理をする傾向が強くなることから、健康面や事故防止の観点での支障が懸念され、禁止されているのです。

　この仕組みに対して、積算歩合制では売上50万円までは歩率

30％、70万円を超えたところから歩率40％が適用されます。つまり、「歩合給の額は連続的に逓増するもの」で、こちらは禁止されていません。

　トラックドライバーには累進歩合制禁止ルールが適用されていませんが、「歩合給を得るために無理をする」ことは、ドライバーの健康のためにも、事故防止の観点からも、防がなければなりません。

　また、運行管理者は、適切な配車に加えて運行面でスピード違反がないか、連続運転時間の限度が遵守されているかなどについて確認し、不適切な運行があれば改善指導していく必要があります。

## Ⅰ-3　企業カルチャーと社員気質に関するハードルを確認する

　歩合給制について、労働者にとっても「やればやっただけ収入になる」「自己効力感が得られる」などといったメリットがあることを、第3章Ⅶ（106ページ参照）で見てきました。そのため、歩合給制の経験のあるドライバーは歩合給制を好む傾向があります。一方、歩合給制の経験のないドライバーにとっては、歩合給制は労働者にとってリスクの高い仕組みと感じられます。

　しかし、安定的な経営をしていて業務量が豊富にあるトラック運送業であれば、ドライバーへの業務割当が滞ることは少ないので、歩合給制のメリットを享受できるはずです。歩合給制の経験者が何割か存在していれば、ドライバー同士の会話の中で歩合給制を受け入れる機運が生まれてくる可能性もあり、比較的スムーズに導入を進めることができます。

　一方で、これまで歩合給がまったく導入されておらず、ドライバーの中にも歩合給制の経験者が少ない場合は、歩合給制の内容をより一層丁寧に説明するなど、不安感や抵抗感を和らげるための対応が必要になります。

　オール歩合給制の導入については、一部歩合給制よりもハードルが

上がるため、オール歩合給制の新賃金制度とこれまでの賃金制度の両方で計算を行い、これまでの制度で計算した額の支給を一定期間保障する、といった激変緩和措置をとることで抵抗感を和らげることが必要になります（この詳細は第6章で詳述）。

　ドライバーが歩合給制を受け入れられるかどうかは、最終的には、ドライバーが会社や経営者を信頼できるかどうかにかかっています。賃金制度に限らず、経営者、管理者は、ドライバーときちんとコミュニケーションを取り、少なくとも意思疎通に支障のない状態を築かなければなりません。

# II

# 制度を根付かせるための前提条件を満たしているかを検討する

## II-1 オール歩合給制は全体の中で成り立つよう設計する

　多くの場合、トラック運送業であれば、長距離輸送だけでなく地場配送や専属便などの職種も存在します。営業職でいえば、熟練度合が高く専門性を持つ階層だけでなく、同じような営業活動に従事するスキルレベルの違う階層も存在します。

　そのため賃金制度は、こうした多様な職種や階層に適用できるよう、固定給制、固定給＋歩合給制、オール歩合給制といったバリエーションがあることが一般的です。オール歩合給制は、その中で、例えばドライバーであれば長距離輸送担当、営業職であれば熟練度合が高く専門性を持つ階層など、特定の職種や階層に適用される、賃金制度の一部です。

　したがって、オール歩合給制は、固定給＋歩合給制の仕組みと歩合指標や歩率、単価に関して比較検討する必要がありますし、固定給＋歩合給制は固定給制と固定給部分の設定で関連付けながら考えていく必要があります。

　つまり、オール歩合給制の賃金設計は、それ以外の賃金形態を含めた全体の賃金設計の中で検討を行う必要があるのです。そして、オール歩合給制以外の賃金体系の矛盾点は、オール歩合給制の矛盾にもつながるので、新たにオール歩合給制の設計を行おうとするなら、賃金制度全体の改革プロセスの中で行うことが望ましいのです。

## Ⅱ-2　どのような制度となるのがよいか？

オール歩合給制の理想は、専門性、スキルが高い階層や職種であって、成果で賃金が支払われることを選択した者に対して適用し、そのポジションが収入を含めて魅力的に見え、プロフェッショナルとしてリスペクトを受けるような位置付けとなることです。加えて、オール歩合給制適用への道筋が示されており、固定給制や一部歩合給制からの移行が可能であることが望ましいです。

営業職を例にとると、オール歩合給制の適用を受ける階層構造として、**図表5-1**のようなものが考えられます。この図では、専門職にオール歩合給制が適用されます。

**図表5-1**　オール歩合給制の適用を受ける階層構造

| | |
|---|---|
| 管理職 | |
| 初級管理職 | 専門職<br>（オール歩合給制適用） |
| 熟練クラス | |
| 中級クラス | |
| 初級クラス | |

ここでのキャリアイメージは、専門性、スキルとしては少なくとも熟練クラス以上のものを持っている者が、オール歩合給制の適用を希望し、会社がそれを認めた場合に専門職に移行していきます。専門

性、スキルは熟練クラス以上だが専門職は希望せず、管理能力が高いと見込める場合は、初級管理職へ昇格していきます。管理能力も見込めず、オール歩合給制を好まない場合は、熟練クラスにとどまることになります。

　トラックドライバーの場合、一般にこのようなグレード設定はありませんが、業務の負荷や難易度等によって年収ベースでの階層構造は形成されます。そして、オール歩合給制の適用者はその中で上位を占めることになります。

# Ⅱ-3　ルールに基づいた賃金制度とする

　トラック運送業など人件費が売上原価の大きな割合を占める業態では、経営環境の変化に対応して賃金制度を変えざるを得なくなることがあります。現在、多くの企業はドライバー職の人材不足から支払える金額の限界値に近い賃金を設定し、採用活動を行っているため、収益環境が変わったり運賃改定が行われたりした場合、賃金制度の変更を行う必要が生じますが、それは労働者に不利益をもたらす可能性があります。

　第2章でみてきたとおり、労働条件の不利益変更は、使用者が自由に行えるわけではなく、労働者と使用者の合意によることが原則です。

　経営の根幹となるシステムの1つである賃金制度は、経営環境の変化に対応してコントロール可能な状態にしておくことが必要です。つまり、その内容を就業規則・賃金制度に明確に規定しておく必要があるということです。特に歩合給制部分については、その計算方式、歩率等をわかりやすく定義することが重要で、こうしたことも賃金制度改革にあたっての重要項目となります。

　この点については、第7章で詳述します。

第6章

---

# オール歩合給制度
# 設計の手順と内容

# はじめに

## オール歩合給制導入の賃金制度改革は３つのフェーズで進める

　第５章の検討を行ってオール歩合給制や一部歩合給制の導入が可能と見込まれたら、具体的な賃金設計を行います。

　賃金制度の設計というと、基本給や歩合給、各種手当の構成を決めていくことだけが想像されがちですが、実はその前後の取組みも同じくらい重要です。そのため、３つのフェーズで検討を行うことによって新賃金制度の実現を図ります。また前述のとおり、一部歩合給制（固定給＋歩合給制）、固定給制の仕組みと併存させることが一般的ですし、それぞれの賃金体系の関連付けやバランスの確保が、重要な観点になります。

　そこで本章では、オール歩合給制を適用する職種だけでなく、それを適用しない職種のドライバーも対象として、３つのフェーズに分けて行う賃金設計の進め方を解説します。

　賃金制度改革を進める３つのフェーズは、**図表６-１**のとおりです。

## 図表6-1　賃金制度改革を進める3つのフェーズ

| フェーズ1 | 課題を明確にして解決の方向性を決める |
|---|---|
| ステップ 1 | **現在の制度の実態を把握する**<br>①職種実態（業務内容、運行パターン等）を把握する<br>②賃金支給実態（労働時間数含む）を把握する<br>③制約条件（人件費限度額、スケジュールその他）を確認する |
| ステップ 2 | **現在の賃金に関する分析・評価、課題の確認を行う**<br>①世間水準と比較する（外部相当性の確認）<br>②各種偏りを確認する（内部公平性の確認）<br>③未払い割増賃金等の有無と程度を確認する<br>④解決すべき課題を明確にする |
| ステップ 3 | **改革の方向性**<br>①賃金制度改革の大義名分を立てる<br>②実現すべき状態・解決イメージを描く<br>③労働時間制および労働時間管理の改革<br>④職種ごとの賃金水準、ターゲット年収を決める |

| フェーズ2 | 自社に最適な賃金制度を組み立てる |
|---|---|
| ステップ 4 | **賃金基本構造の検討**<br>①職種別の基幹的賃金（基本給等）、補助的賃金（手当類）、歩合給など、賃金基本構造を検討する<br>②職種を貫く共通要素を増やし、職種による違いを手当等で表現する |
| ステップ 5 | **歩合給制の詳細設定**<br>①歩合給制で保つべき5原則<br>②歩合給指標、歩率・単価等の検討<br>③歩合給シミュレーションの実施<br>④出来高払制の保障給の設定 |
| ステップ 6 | **補助的賃金（手当類）の決定**<br>①現行手当を評価し、手当の統廃合や新設を行う<br>②職務型手当を設定する<br>③生活補助手当を設定する |
| ステップ 7 | **基幹的賃金（基本給等）の決定**<br>①基幹的賃金の構成<br>②勤続給、地域手当、基本給の検討<br>③賞与支給方式等 |

| フェーズ3 | 新賃金制度を実行可能な形で現実に落とし込む |
|---|---|
| ステップ 8 | **新賃金制度シミュレーション**<br>①従業員ごと仮決定した賃金項目に金額を当てはめる<br>②金額の妥当性、全体バランス等を確認し、修正が必要な場合、設定金額等を変更する |
| ステップ 9 | **新賃金制度の最終決定**<br>①課題が解決されたか、制約条件に抵触しないか、実現すべき状態は達成されたかを確認する<br>②支給ルールの再確認と規定化 |
| ステップ 10 | **激変緩和措置と合意プロセスの設計**<br>①激変緩措置の必要性、方式・必要年数の検討<br>②説明会、個別面談等のスケジュール策定<br>③実施説明文書、個別通知書・同意書等の作成 |

はじめに　オール歩合給制導入の賃金制度改革は3つのフェーズで進める

# フェーズ1

# 課題を明確にして解決の方向性を決める

　現状把握、問題点の確実な把握、改革の方向性、優先順位の確認等を行う段階です。ここをきちんと行わないと方向性にブレが出てしまい、その後手戻りが生じたり適切な結果が得られなかったりするおそれが生じます。

　また、賃金制度改革には抵抗が伴うため、改革の大義名分を立てることが重要です。この旗印が明確でないと、抵抗を抑えて改革をやりきることが難しくなります。

| フェーズ1 | 課題を明確にして解決の方向性を決める |
|---|---|
| ステップ1 | **現在の制度の実態を把握する**<br>①職種実態（業務内容、運行パターン等）を把握する<br>②賃金支給実態（労働時間数含む）を把握する<br>③制約条件（人件費限度額、スケジュールその他）を確認する |
| ステップ2 | **現在の賃金に関する分析・評価、課題の確認を行う**<br>①世間水準と比較する（外部相当性の確認）<br>②各種偏りを確認する（内部公平性の確認）<br>③未払い割増賃金等の有無と程度を確認する<br>④解決すべき課題を明確にする |
| ステップ3 | **改革の方向性**<br>①賃金制度改革の大義名分を立てる<br>②実現すべき状態・解決イメージを描く<br>③労働時間制および労働時間管理の改革<br>④職種ごとの賃金水準、ターゲット年収を決める |

# 現在の制度の実態を把握する

## （1） 職種実態（業務内容、運行パターン等）を把握する

　職種区分は、企業によって異なります。大型車両、中小型車両、トレーラー、タンクローリーなどの車両の違いにより設定される場合や、長距離輸送、地場配送、専属便、ルート配送、引越便など、運行形態によって区分されることもあります。賃金制度が職種によらずに共通的に設定されていることもありますが、職種によって基本給や手当が異なる場合もあります。

　歩合給制は、典型的な歩合指標となる売上などの把握がしやすく、長時間労働になりがちな長距離輸送などに限って適用されることも一般的です。

　経営層が各職種の業務内容や運行パターン等を正確に把握していないことも、少なくありません。今一度実態を整理し、把握し直していくことで、長距離輸送だけでなく他の職種でも歩合給制が適用可能だった、といった発見もあり得ます。

## （2） 賃金支給実態（労働時間数含む）を把握する

　賃金支給実態の把握は、職種実態の把握とともに非常にベーシックな作業ですが、絶対に欠かすことができないものです。支払われている割増賃金の計算のもととなっている時間外労働時間数や深夜労働時間数が、現実のものと必ずしも一致しているとは限りません。実態としての労働時間数の把握も必要になります。

　例えば、長距離ドライバーの場合、運転開始後4時間以内または4時間経過直後に合計30分以上の運転の中断を行う必要があるとされていますが、その運転の中断が、休憩、つまり労働時間ではないのか、休憩ではなく手待時間、つまり労働時間となるのかは状況によって違います。そうしたこともあり、労働時間の実態を正確に把握する

ためには、過去の運行状況を再調査する必要が生じる場合があります。

## ① 賃金支給一覧シートを作る

さて、賃金実態の把握のために最も必要な作業は、賃金支給一覧シートを作ることです。この表が、賃金制度設計の出発点となります。表計算ソフトを使い、左の列に氏名を入力し、1人1行を使ってすべての項目を羅列します。時間外割増賃金や歩合給などの変動があまりない場合は、平均的な値を入力していきます。それによって月例賃金の平均額を算出し、併せて賞与を加えた年収相当額を算定します（**図表6-2**）。このケースでは、シートは1枚で済みます。

時間外労働や歩合給などが繁忙期・閑散期で大きく変化し、2パターンになる場合は、シートを2枚作成します。望ましいのは、過去1年分の実績を12月（枚）のシートに入力していく作成方法です。そうすれば、時間外労働や歩合給の変化もすべて包含することができます。12枚分のシートの合計は、表計算ソフトの演算機能を使って出すことができます。

## ② 実態としての時間外労働時間数の把握は必須

なお、前述のように時間外労働時間数がきちんと把握されていないケースは多く、その場合は新たに実態調査が必要になります。調査により算定した時間数が支給されている時間外割増賃金の計算根拠と違っていることもあり得ますが、ここではその実態の数字を入力しなければなりません。ただし、支給金額は実際に支払った金額を入力していきます。

ある程度正確な時間数を把握しないと、割増賃金未払いがあってもそれがどの程度か確認できません。賃金制度変更にあたっては法令を遵守して進めることが前提なので、実態としての時間外労働時間数の把握は必須です。

## 図表6-2　個人ごとの「賃金支給一覧シート」作成例

| 年齢・勤続基準日 | R4.1.1 | | | | | 現賃金体系 | | | | |
|---|---|---|---|---|---|---|---|---|---|---|
| 月平均所定労働時間 | 170 | | | | | 月例賃金 | | | | |
| 氏名 | 年齢 | 勤続年数 | 時間外労働時間数 | 深夜労働時間数 | 売上金額 | 歩率 | 基本給 | 主任手当 | 特別手当 | 食事手当 |
| ドライバーA | 51 | 26 | 95.0 | 38.0 | 1,208,200 | 20.0% | 142,700 | 5,000 | 10,000 | 10,000 |
| ドライバーB | 58 | 26 | 90.0 | 36.0 | 1,179,100 | 20.0% | 140,000 | | 10,000 | 10,000 |
| ドライバーC | 57 | 23 | 103.0 | 41.0 | 1,022,800 | 20.0% | 140,000 | | 10,000 | 10,000 |
| ドライバーD | 57 | 12 | 72.5 | 29.0 | 1,010,700 | 19.0% | 110,000 | | 10,000 | 10,000 |
| ドライバーE | 38 | 4 | 70.5 | 28.0 | 1,331,300 | 19.0% | 121,100 | | 9,000 | 10,000 |
| ドライバーF | 44 | 20 | 92.0 | 37.0 | 1,025,000 | 20.0% | 137,300 | | 7,000 | 10,000 |
| ドライバーG | 42 | 11 | 90.5 | 36.0 | 1,267,000 | 20.0% | 135,100 | | 7,000 | 10,000 |
| ドライバーH | 33 | 1 | 71.5 | 29.0 | 980,500 | 18.0% | 126,500 | | 7,000 | 10,000 |
| ドライバーI | 41 | 11 | 73.5 | 29.0 | 1,181,300 | 20.0% | 114,900 | | 7,000 | 10,000 |
| ドライバーJ | 39 | 13 | 72.0 | 29.0 | 903,800 | 20.0% | 118,900 | | 5,000 | 10,000 |
| 合計 | | | 830.5 | 332.0 | 11,109,700 | | 1,286,500 | 5,000 | 82,000 | 100,000 |
| 平均 | 46 | 15 | 83.1 | 33.2 | 1,110,970 | 19.5% | 128,650 | 5,000 | 8,200 | 10,000 |

（続き）

| | | | | 現賃金体系 | | | | | | |
|---|---|---|---|---|---|---|---|---|---|---|
| | | | 月例賃金 | | | | | 未払い割増賃金 | 年間賞与計 | 年間支給額合計 |
| 氏名 | 歩合給 | 通勤手当 | 所定内賃金 | 時間外手当 | 深夜手当 | 割増賃金計 | 月例賃金合計 | | | |
| ドライバーA | 241,640 | 10,000 | 419,340 | | | | 419,340 | 156,834 | 10,000 | 5,042,080 |
| ドライバーB | 235,820 | 4,000 | 399,820 | | | | 399,820 | 142,923 | 80,000 | 4,877,840 |
| ドライバーC | 204,560 | 13,000 | 377,560 | | | | 377,560 | 157,798 | 80,000 | 4,610,720 |
| ドライバーD | 192,033 | 13,000 | 335,033 | | | | 335,033 | 94,940 | 80,000 | 4,100,396 |
| ドライバーE | 252,947 | 5,000 | 398,047 | | | | 398,047 | 104,294 | 120,000 | 4,896,564 |
| ドライバーF | 205,000 | 15,000 | 374,300 | | | | 374,300 | 138,009 | 95,000 | 4,586,600 |
| ドライバーG | 240,730 | 2,000 | 394,830 | | | | 394,830 | 138,491 | 80,000 | 4,817,960 |
| ドライバーH | 176,490 | 6,000 | 325,990 | | | | 325,990 | 99,924 | 80,000 | 3,991,880 |
| ドライバーI | 236,260 | 14,000 | 382,160 | | | | 382,160 | 101,772 | 65,000 | 4,650,920 |
| ドライバーJ | 180,760 | 15,000 | 329,660 | | | | 329,660 | 95,459 | 65,000 | 4,020,920 |
| 合計 | 2,166,240 | 97,000 | 3,736,740 | 0 | 0 | 0 | 3,736,740 | 1,230,444 | 755,000 | 45,595,880 |
| 平均 | 216,624 | 9,700 | 373,674 | 0 | 0 | 0 | 373,674 | 123,044 | 75,500 | 4,559,588 |

　賃金支給一覧シートは、非常に重要な役割を果たします。実態調査の結果の右側に新賃金体系で設定する歩合給等の入力欄を設定して、数字を変化させてバランスを見ていくことで、新賃金体系のシミュレーションシートになるからです。

　なお、**図表6-2**は売上歩合が設定され、歩合給を割増賃金として支給しているケースで、こうした事例は少なくないのですが、割増賃金に関する法的要件を満たしておらず多額の未払い割増賃金が発生し

ている、という内容になっています。

## （3）　制約条件（人件費限度額、スケジュールその他）を確認する

　制約条件とは、賃金制度改革を成功させるための前提としてクリアすべき条件のことです。主な内容は、次の3つです。

---

① 　法令に即した制度であること
② 　予算（金銭）的限界を超えないこと
③ 　スケジュール

---

### ①　法令に即した制度であること

　法令遵守は当然のこととして、重要な判例法理についても、それに抵触するようなことは避けるべきです。第1章でみたとおり、国際自動車事件最高裁判決では、歩合給計算において割増賃金分を差し引く方式の是非が争点となり、それが実質的に否定されました。

　こうした状況から、本書では、新賃金制度の設計にあたって、歩合給は純粋に歩合給として支給して、割増賃金は法定どおりの方法で別途支給することを前提に考えていきます。

　また、日本版「同一労働同一賃金」への対応も、新賃金賃金設計の前提となります。特に手当の支給が争点となりやすく、正規労働者には支払いながら非正規労働者に支払っていないことについて合理的な説明ができない手当は、極力設定しない方向で考えるべきです。

### ②　予算（金銭）的限界を超えないこと

　賃金制度改革により未払い割増賃金の解消等を行う前提で考えると、通常、人件費増が伴います。また、制度変更により賃金減になるドライバーに対して一定期間設ける激変緩和措置のため、全体として支払い賃金額が増額になりがちです。

　こうした人件費増に対して、経営的にどこまでが許容範囲なのかを、あらかじめ判断しておく必要があります。

## ③　スケジュール

　賃金制度改革は、それを実施しやすい時期、あるいは実施すべき時期というものがあります。特に歩合給制を導入する場合は、歩合指標計算上の理由から、賃金締切期間を従来よりも後ろに変更せざるを得ないことがあり、賃金支給日も後ろにずれることとなるため、労働者が資金不足に陥ることがないようにする必要があります。その場合、賞与支給の時期に併せて実施するなどの方法で、金銭的な手当を行います。

　ですから、こうした時期から逆算して、いつまでに制度設計をしなければならないかが決まってきます。

　また、新たな賃金制度について説明し、制度変更への同意を得るために要する時間も、考慮に入れておく必要があります。ドライバーにとっては生活に直結する問題であり、仮に直接的に不利益な変更にならない場合であっても、実施直前での通知といった事態は不信感につながりかねないため、避けなければなりません。

　全員への説明、同意書の取得、就業規則や賃金規程の変更手続等を考えると、新たな賃金制度をどのような制度とするかの最終決定は、実施（支払日ではなく新賃金制度のスタート時）の３カ月前には終える必要があります。労働組合が存在する場合は、組合への説明、そして通常は団体交渉の要求があるため、その交渉期間もプラスして見込んでおく必要があります。

## ステップ2　現状賃金の分析・評価、課題の確認を行う

### （1）　世間水準と比較する（外部相当性の確認）

　賃金には、外部相当性と内部公平性が求められます。外部相当性とは、世間相場と比較して遜色がないかどうか、内部公平性とは、自社内に「不合理な賃金格差」がない状態となっているかどうか、です。

これらを確認するために、賃金支給一覧シートのデータを元に、同じく表計算ソフトの機能を使って、縦軸に年収、横軸に年齢を置いたグラフを作成することをお勧めします。そして、このグラフ上に各人のデータをプロットしていきます。

　**図表6-3**は、各人のデータをプロットしたうえに、賃金センサスの賃金データを折れ線グラフで重ねています。グラフ自体は表計算ソフトにマクロを組み込んで作成したものですが、通常の表計算ソフトの機能でドライバー各人のデータをプロットしたものに、手書きで賃金センスのデータを書き込んでも同じものを作ることができます。

　なお、**図表6-3**の賃金センサスデータは、従業員規模10～99人と従業員規模100～999人の、いずれも全国の「営業用大型貨物自動車運転者」、「営業用貨物自動車運転者（大型以外）」、の男性データです。男性のデータをとったのは、女性ドライバーのデータはサンプル数が少なく、信頼度の点で問題があると思われるからです。

　この統計数値は全国のものだけが公表されていて、都道府県別のものは明らかにされていません。労働者全体の賃金水準に関しては、全国平均と都道府県平均では2割以上の乖離が見られることがありますが、トラックドライバーに関しては都道府県による格差はそれほど大きくなく、数％以内と推測されることから、全国数値を参考にすることに大きな支障はないと考えられます。

## (2)　各種偏りの確認（内部公平性の確認）

　内部的な賃金格差は、前述の年収プロット図を分析していくことで確認できます。よくある内部的な賃金格差は、①職種や車種の違いによる格差や②入社時期による格差、③前職の賃金水準による格差、などです。

## ①　職種や車種の違いによる格差

　職種や車種の違いは、例えば長距離輸送、地場配送、引越便、トレーラー、キャリアカー（車両積載車）、タンクローリーなどがあり

**図表6-3** 賃金分布図（諸手当、残業代含む）

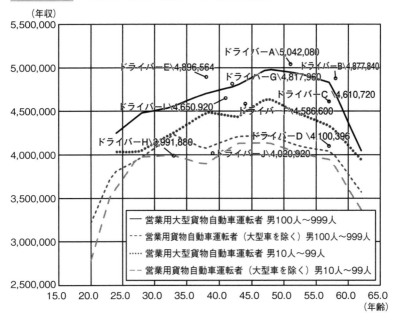

ますが、特定の職種や車種が特別に優遇されているようなケースがめずらしくありません。長距離輸送でスタートした会社で、その後地場配送や引越業務などに進出した場合、もともと主流であった長距離輸送部門のドライバーの賃金が突出して高いなどということがあります。その違いが業務の負荷や難易度などから合理的であり、他のドライバーから見て納得感がある場合はよいのですが、合理的とはいえない格差が生まれていることもあります。

　そのような職種や車種の違いによる不合理な賃金格差が確認された場合は、そうした偏りをできるだけ是正する方向で新たな賃金制度を検討していきます。

## ②　入社時期による格差

　入社時期による格差については、近年のドライバー不足を受け賃金が上昇傾向にありますが、基本的には同一職種であっても古参のドラ

イバーほど高賃金になっていることが多いです。この背景には、頑張れば月収70〜80万円、「身体はきついが数年頑張って独立するための資金にする」などという高水準だった時代から、トラック運送業界の競争激化による運賃下落を受けてドライバーの賃金水準も年々下落し、かつてのように稼げる職種ではなくなった、という経緯があります。

### ③ 前職の賃金水準による格差

入社時期に限らず、前職における賃金水準の影響から高賃金化しているケースもあります。ドライバーの採用は中途採用が大部分ですが、採用にあたって応募者から前職と同等の賃金水準を求められることがあります。採用する側も前職賃金を参考にすることが多く、結果としてその金額差が格差となって残ります。

こうした格差は、オール歩合給制を適用すれば、基本的に成果、つまり歩合指標の結果に対して平等に歩合給である賃金が支払われることになり、解消されます。

賃金制度の刷新にあたっては、不合理な格差を解消する内部公平性の実現も、その大義名分になり得ます。**ステップ3**で述べますが、この大義名分が賃金制度改革で重要な役割を果たすことになります。

## (3) 割増賃金未払い等の有無と程度を確認する

賃金支給一覧シート（**図表6-2**）で、割増賃金の未払い額がどの程度発生しているかの確認を行います。未払いがまったく発生していないというケースもありますが、多くの企業で割増賃金未払いが存在します。長距離輸送などで時間外労働が非常に多く発生している場合、過去2年分の未払い額プラス遅延損害金で、ドライバー1人あたりの請求額が1,000万円近くになることもあります。

構造的に長時間労働が発生する職種の場合、時間外労働時間数は賃金設計に直接影響するパラメータ（変数）となるため、その実態把握を行わない限り、的確な賃金設計を行うことはできないと考えるべきです。

## （4）　解決すべき課題を明確にする

　次に、どのような課題を解決するために行うのか、つまり改革の目
的を明確にしなければなりません。以下に示すように、企業によって
課題や問題意識は様々です。歩合給制の活用による課題解決はその中
の一部と考えられますが、課題を確認し、何のために改革を行うの
か、どのような優先順位で行うかを考えていくことが求められます。

---

・未払い残業代請求が増加しているので、割増賃金未払いを解消するた
　めに賃金制度改革に取り組みたい
・経営的に苦しいので、人件費削減を行いたい
・賃金水準を現状よりアップさせ、人材採用に弾みをつけたい
・成果を賃金額に反映させ、モチベーション向上を図りたい
・職種や車種の違いによる格差、入社時期による格差、前職賃金による
　ところの格差などの不公平さを解消したい
・労働負荷が高い・免許や作業の特殊性があるなどの実態があるのに、
　その差が賃金に反映されていないので一定の格差をつけたい
・評価の高いドライバーや、あいさつ、身だしなみ、燃費改善、事故防
　止、休日出勤への協力などに対して、少しでも賃金に反映させたい
・これまで成行きで個人ごとに賃金を決めてきたが、ルールによって運
　用できるものに変えたい

---

### ステップ3　改革の方向性を決める

## （1）　賃金制度改革の大義名分を立てる

　賃金制度改革は、通常、全従業員にとって有利なものになることは
ありません。しかも賃金制度は、福利厚生のような労働条件の副次的
要素ではなく、従業員の生活に直結する基幹的要素ですから、変更の
内容によっては従業員の抵抗もあり得ます。そのため、従業員がある

程度納得できるだけの大義名分が必要になります。

　現実的な話として、何のために賃金制度改革を行うかの理論武装を行わないと、現状変更への抵抗が生じる中で改革を遂行していくことは難しいのです。賃金制度改革案を策定したにもかかわらず、従業員の抵抗に遭い実行するところまでは行かなかったというのは、珍しい話ではありません。こうした失敗は、制度改革による不利益の度合いもさることながら、大義名分が明確でなかった可能性があります。

　では、どのような内容が大義名分になり得るでしょうか。

## ①　賃金水準や格差の是正のため

　賃金水準をある程度下げないと会社は近い将来破綻してしまう、というような状態であれば、制度変更の大義名分になり得ます。

　内部公平性の確保も、場合によって制度変更の大義名分になり得ます。従業員間での不公平さは、やはりなくすべきというのが人間の普通の感情なのです。

　では外部相当性、つまり世間水準との比較によるものはどうでしょうか。

　賃金制度改革の経営判断において、外部相当性の観点はきわめて重要ですが、「同業他社や世間水準と比べて高すぎるので是正が必要」というのは大義名分になりにくいと考えられます。自社より高い会社もあるでしょうし、他社は他社であってどうしてそれに合わせる必要があるのか、というのがドライバーの自然な感情と思われます。外部相当性の観点は、それとは別に改革の大義名分を設定したうえで、それを補強する要素とするのが精一杯のところだと思われます。

## ②　法令遵守のため

　法制度の改正に対応した制度にするための改革は、大義名分となり得ます。例えば、第1章Ⅶで取り上げた日本版「同一労働同一賃金」への対応などは、わかりやすい観点です。ただし、これも自社外からもたらされた内容なので、一般論として理解は示されても、そのため

に自分が不利益を被ることには納得できない、と抵抗される可能性があります。

## (2)　実現すべき状態・課題解決イメージを描く

　「解決すべき課題」に対して、最終的にどの程度の状態になることを目指していくかの、ざっくりとしたイメージを持ってから、賃金制度構築の作業に取りかかる必要があります。「最終的に」というのは、激変緩和措置も終了して新賃金制度が完全実施された時点で、という意味です。

　例えば、同一職種だが入社時期が異なるドライバー2人について、一方が年収400万円、もう一方が600万円で、外部相当性、内部公平性の観点から450万円が適切であると判断した場合、年収600万円から450万円へと変更すると150万円の年収減となり、25％もの賃下げとなってしまいます。そのため、最終的な水準としては10〜15％減にとどめるなどのイメージを持つ、といった具合です。

　また、車種による賃金額の差をどの程度つけるかといった問題に対しては、「車種A＞車種B＞車種Cで、それぞれ月例賃金で1万円程度の格差とする」といった大雑把な判断を行うなどです。そして、そうした差異は実際に働くドライバーがある程度納得できるものでなければなりません。

　もちろん、詳細な検討を進めていく中で、こうした大雑把な判断は様々な観点から修正されていくことになりますが、ある程度の見当をつけておくと、その後の検討作業が進めやすくなります。

## (3)　労働時間管理および労働時間制の改革

　賃金制度は、当然のことながら労働時間と深く結びついています。法定労働時間を超えた場合の割増賃金は、労働時間管理がずさんだと未払いが発生しやすくなるため、賃金制度改革と併せて労働時間管理の強化を行うことも、重要なポイントです。

労基法では労働時間の上限が1週40時間、1日8時間と定められており、これを上回った分が時間外労働となります。これが原則的な労働時間制ですが、1カ月単位の変形労働時間制、1年単位の変形労働時間制などの変形労働時間制もあります。

変形労働時間制を採用する主な目的は、同じ労働実態に対して、一般にその仕組みで労働時間数をカウントしたほうが時間外労働時間数が少なく表れる、という点にあります。

トラックドライバーにも変形労働時間制が適用されることがありますが、実態を確認すると、適用するための手続きが適正になされていなかったり要求される条件を満たしていなかったりすることが少なくありません。

一方、現実の事例を分析してみると、変形労働時間制を適用しても算定される時間外労働時間数は原則的な労働時間制と比べて大きくは変わらない、という実態もあります。

変形労働時間制が労働実態にうまく適合し、手続きも運用も問題なく行える場合はもちろん採用すべきですが、その効果がごくわずかである場合は、ドライバーと管理する側の両方にとってわかりやすい原則的な労働時間制で運用することが望ましいと考えられます。

賃金は労働時間制と密接に結び付いているので、労働時間制をすっきりとした透明なものにすることも、重要な改革項目の一つです。

## (4) 職種ごとの賃金水準、ターゲット年収を決める

実現すべき状態・課題解決イメージを発展させて、職種ごとのターゲット年収と年収幅を決めていきます。もちろんこれが最終決定というわけではなく、あくまで経営サイドによる暫定的な判断ですが、この判断がそのまま、あるいは微修正されて最終決定になることも少なくありません。

ここでのターゲット年収とはその職種のあるべき年収のことで、年収幅とは下限年収と上限年収のことです。この年収幅が、**フェーズ2**

において賃金制度を具体的に構築する際のよりどころとなります。

　ターゲット年収は、下限年収と上限年収の中間値とする方法も有力です。本来はあるべき年収をターゲット年収として設定し、そこから上下何パーセントに展開するかと考えるのが理論的なアプローチですが、それよりも下限年収、上限年収を考えていくほうがスムーズな判断につながることもあります。

　また、ターゲット年収は、想定される標準的な時間外労働に対する割増賃金や賞与支給がある場合、標準的な賞与額も含めて考えるのが適切です。そして、オール歩合給制の適用をイメージしている職種については、固定給制の職種より賃金変動リスクが高いので、ハイリスク・ハイリターンの原則により、他の職種よりも平均年収をある程度高く想定しておく必要があります。

**図表6-4**　ターゲット年収決定表

| 職種 | 下限年収 | 上限年収 | ターゲット年収<br>（中間値） |
|---|---|---|---|
| 職種A | ○○○万円 | ○○○万円 | ○○○万円 |
| 職種B | ○○○万円 | ○○○万円 | ○○○万円 |
| 職種C | ○○○万円 | ○○○万円 | ○○○万円 |
| 職種D | ○○○万円 | ○○○万円 | ○○○万円 |
| 職種E | ○○○万円 | ○○○万円 | ○○○万円 |

※標準的な割増賃金、標準的な賞与額を含む。

# フェーズ2

# 自社に最適な賃金制度設計を行う

　実際に新たな賃金制度を組み立てる段階です。**フェーズ1**で決定した改革の方向性、方針に従って具体的な制度の内容を決めていき、ルールに基づき賃金額が決まる仕組みを構築します。

　ほとんどのケースでオール歩合給制に移行するのは一部の職種と考えられるので、それ以外の職種を含む賃金構造も、全体バランスを考えて決めていきます。職種や役割の違いを賃金に反映すべきですが、できるだけ共通部分の割合を増やし、統一感のある賃金制度とします。

| フェーズ2 | 自社に最適な賃金制度を組み立てる |
|---|---|
| ステップ 4 | **賃金基本構造の検討**<br>①職種別の基幹的賃金（基本給等）、補助的賃金（手当類）、歩合給など、賃金基本構造を検討する<br>②職種を貫く共通要素を増やし、職種による違いを手当等で表現する |
| ステップ 5 | **歩合給制の詳細設定**<br>①歩合給制で保つべき5原則<br>②歩合給指標、歩率・単価等の検討<br>③歩合給シミュレーションの実施<br>④出来高払制の保障給の設定 |
| ステップ 6 | **補助的賃金（手当類）の決定**<br>①現行手当を評価し、手当の統廃合や新設を行う<br>②職務型手当を設定する<br>③生活補助手当を設定する |
| ステップ 7 | **基幹的賃金（基本給等）の決定**<br>①基幹的賃金の構成<br>②勤続給、地域手当、基本給の検討<br>③賞与支給方式等 |

## ステップ4　職種別賃金の基本構造を検討する

### (1)　職種別の基幹的賃金（基本給等）、補助的賃金（手当類）、歩合給など、賃金の基本構造を検討する

　職種の特徴を踏まえて、職種別賃金の基本構造を検討していきます。この段階で正確な体系を作り上げる必要はなく、デッサン（素描）を行う気持ちで取り組んでいくことがポイントです。

　最初の検討は、歩合給を設定する職種とそうでない職種の区分です。

　歩合給を設定する職種については、オール歩合給制を適用したい職種と基本給などの固定的賃金に加えて歩合給を支給する職種とに分けて考えます。

　そうでない職種（歩合給を設定しない職種）については、総じてどのような賃金構成にするのかを考えます。具体的には、基本給の額に昇給の要素を組み込むかわかりやすく同額で設定するか、勤続給を設定するか、拠点が複数ある場合に地域差を反映するための地域手当を設定するか、などです。

　加えて、輸送形態の違いを反映した職種ごとに異なる金額を設定する職務手当、リーダーなどの役割を果たしてもらう際に支給する役割手当、生活補助手当としての家族手当、通勤手当、実際の出勤日に対して食事代の補助のために支給する食事手当、などが一般的な構成要素として考えられます。

### (2)　複数職種を貫く共通要素を増やし、職種による差異を手当等で表現する

　次に、職種ごとの賃金構造を基本的な賃金項目で表していきます。この段階では、基幹的賃金の構造と必ず支給したいと考える手当を明確にします。

| | | | | | | | |
|---|---|---|---|---|---|---|---|
| 職種A | ：基本給＋勤続給＋地域手当 | ＋ | 職務手当A | ＋ | 通勤手当 | ＋その他 | }職務手当を除き |
| 職種B | ：基本給＋勤続給＋地域手当 | ＋ | 職務手当B | ＋ | 通勤手当 | ＋その他 | 同じ構造 |
| 職種C | ：基本給＋勤続給＋地域手当 | ＋ | 職務手当C | ＋ | 通勤手当 | ＋その他 | |
| 職種D | ：基本給＋勤続給＋地域手当 | ＋ | 歩合給 | ＋ | 通勤手当 | ＋その他 | → 共通要素 |
| 職種E | ：歩合給＋出来高払制の保障給＋通勤手当＋その他 | | | | | | |

　例えば、上記のように表します。ここで描くものは、賃金のいわばスケルトン（構造躯体）です。基幹的賃金である基本給や歩合給、補助的賃金である手当類を具体的にどのように考え、金額を含めてどのように設定するかは、後のステップで詳細に検討していきます。上記に明示した以外の手当（役割手当、家族手当、食事手当など）を設定する余地も残されており、それが「その他」として表されています。それらについては、後のステップで手当の統廃合などを含めて詳細を詰めていきます。

　**職種A〜職種C**では、職務手当を除いて同じ構造になっています。職務手当の額のみが職種ごとに異なり、その違いに職種ごとの価値が反映されています。

　**職種D**は固定的な手当である職務手当が支給されず、代わりにインセンティブとしての歩合給が支給されます。

　そして、**職種E**だけがオール歩合給制（通勤手当は設定あり）です。

　異なる職種であっても支給目的は変わらない基本給や勤続給、地域手当、通勤手当は、複数職種を貫く共通要素として設定しています。そうすることで全社で統一感を持った賃金制度とすることができ、異動によって職種が変わる場合や掛持ちで業務を行う場合などにも対応しやすくなります。

## （1） 歩合給制で保つべき5原則

　歩合給制では、保つべきと考えられる次の5つの重要な原則があります。

---

①　戦略性
②　明確性
③　規範性
④　公平性
⑤　安定性

---

### ①　戦略性

　歩合給指標は、企業収益に直結する付加価値創造部分に設定される必要があります。トラック運送業の運送収入、タクシー業の営業収入、保険代理店の手数料収入、営業会社の売上収入あるいは粗利益などです。

　歩合給がしばしば設定される輸送、販売、サービスなどの業種では、人的資源の配置と歩合給を中心とする賃金制度は、ビジネスモデルの中核を占めます。トラック運送業のドライバー人件費は運送原価の約5割、総コストの約4割を占める大きなものですが、歩合給制はその大きなコストの発生のあり方を定義するものになります。それだけに、歩合給制の基礎となる成果指標は、企業戦略と整合するように設定しなければなりません。

　つまり、成果指標として何を設定し、どのような歩率・歩合単価にするかは、労働者にどのような行動をとってほしいかという観点から考えていくことになります。

　例えば、営業社員に対して売上歩合のみを設定すると、値引きをし

---

て数多く売るという行動につながるおそれがあります。売上や粗利に対してのみ歩合給が支払われる営業社員に対してその割合を下げ、新たに新規顧客開拓実績に対する歩合給が設定されれば、新規顧客開拓を目指す行動につながりやすくなります。

　トラックドライバーの場合、歩合給指標を単に売上とするよりも「売上－燃料費」とするほうが燃費を気遣った運転につながるので、合理的です。もちろん、燃料費が個人別に把握できなければこうした方式を採用することはできません。

　成果（＝歩合指標）に直結する行動をとるように誘引し、人件費増が収益の拡大によってもたらされるような構造をつくるのが歩合給制の本旨であるといえます。

## ②　明確性

　シンプルでわかりやすくし、少なくとも対象社員が自分でも簡単に歩合給の額を計算できる内容とする必要があります。たくさんの要素を成果指標として組み合わせたり複雑な計算式にしたりすることは、できるだけ避けなければなりません。社員自身が理解できなければ、そもそも歩合給制度の内容に納得できないでしょうし、ねらいとする職務行動も起きにくいのです。

　対象社員が一日の成果（＝歩合指標）について手応えを感じることができ、それが週、月と積み上がっていくことが実感できるものであると、モチベーションも高まります。

## ③　規範性

　歩合指標や歩合給の計算方式などの歩合給ルールを、雇用契約書への記載や内規としての扱いにとどめるケースが非常に多く見られますが、このやり方は２つの点で問題があります。

　一つは、就業規則と雇用契約の内容が異なり、就業規則のほうが労働者に有利な内容の場合には、就業規則が適用されることになります。

もう一つは、不利益変更の必要性が生じたときの問題です。歩合給制のルールは頻繁に改定すべきではありませんが、経営環境の変化に対応して歩率や単価を変える必要が生じることがあります。第2章でも見たとおり、労働条件の不利益変更は使用者と労働者の合意によって行うことが原則ですが、労働者全員の合意が得られるとは限りません。その場合でも同意しない社員だけ従来の制度を適用するのは経営上難しいので、就業規則の変更により労働条件の不利益な変更を実施することになります。

　つまり、歩合給制の運用にあたり、変更が必要になった場合でも統一的な対応が可能となるよう、その拠りどころとなるルールを、雇用契約や内規ではなく就業規則・賃金規程に規定する必要があるということです。

### ●第一小型ハイヤー事件最高裁判決（平成4年7月13日労働判例　630号6頁）

> 　歩合給の計算方法は、個々の賃金額そのものではなく、乗務員全体に共通する賃金の計算方法であるから、本来、統一的かつ画一的に処理されるべきものであり、就業規則による処理に親しむものである

### ④　公平性

　歩合指標設定や業務割当の公平性は、社員のモチベーションを保つうえで非常に重要な要素となります。

　例えばトラックドライバーの場合、配送個数や配送件数、立寄り件数など配送量に対して歩合を設定することは一般的ですが、担当エリアに配送先が密集している場合とそうでない場合で、業務効率上不公平が生じます。それを是正するため、配送量に加えて走行距離を歩合指標とするなどの工夫を加えるケースもあります。

　指標設定の公平性に加え、実際の業務割当ての公平性も重要なポイ

ントとなります。トラック運送業における運送業務の割当て（配車）や営業職における担当エリアの割当てなどにおいて、十分に公平を期す必要があります。

能力差や活動量の差による結果の格差は当然のことであり、それが歩合給制のねらいでもありますが、機会の公平性が確保されないと不利な状況に置かれた社員の不満が増大し、モチベーションが落ちるだけでなく、離職につながる場合もあります。

機会の公平性の確保は、歩合給制を導入する場合の必須要件で、それが確保されれば、成果を生み出す職務行動に関し、究極の「同一労働同一賃金」が実現できていきます。

庚申トラフィック事件（松山地裁平成8年8月9日決定労働判例704号108頁）は、トラック運送業を営む会社を、労働組合員である原告ドライバーらが訴えた事案です。賃金（歩合給を含む構成）上有利である長距離乗車の指示が減少したことについて、組合員であることを理由とする不利益取扱いに当たり不当労働行為および不法行為に該当するとして、損害賠償と従前と同等の賃金の支払い、非組合員である他のドライバーとの差別的な取扱いの禁止を求めました。「歩合給制が適用される社員に対する配車」という業務割当ての公平性をめぐる争いであり、裁判所は次のような趣旨の判断を行っています。

## ●裁判所の判断の要旨

・ドライバーに長距離勤務の乗車指示を行うか否かは、使用者にある程度の裁量が認められるが、まったく自由な裁量に委ねられていると解すべきではなく、能力経験が同等であるドライバーの間では、その仕事量も同等に近いものとなる方法をもって行われるべきことが要請されていると解される

・非組合員と同等の取扱いを要望したにもかかわらず、使用者が正当な事由なく応じなかったことは、組合員であることを理由とする不利益取扱いであるとともに不法行為に当たるが、既にその状態は解消された

- 長距離勤務の乗車指示を行わない正当な理由が認められないにもかかわらずドライバーらに乗車指示をしなかったことは、使用者の責に帰すべき事由により履行不能となっていたものであるから、ドライバーらは前年の手取り月額平均賃金の8割（労基法3条の趣旨に反しない限りで一定の格差が生じ得ることはやむを得ないため）に相当する賃金請求権を有する
- 乗務勤務上の差別的取扱い禁止の仮処分を求めることについては、就労請求が認められない以上、これと不可分一体をなす乗車指示も法的な強制になじまない

この事案で示されたのは、歩合給制における業務割当ての使用者の裁量権や公平性についての考え方で、歩合給制運用にあたって参考となるものです。要点をまとめると、以下のようになります。

- 歩合給制においては、使用者は業務割当てについてある程度の裁量を有するが、自由な裁量に委ねられているというわけではなく、割り当てる仕事量は能力経験が同等である対象者において同等に近いものであることが必要
- 国籍、信条または社会的身分を理由とするような差別でなければ、一定の格差が生じることはやむを得ないので、賃金請求権については平均値の8割を限度とする
- 業務割当ての差別は、不当労働行為であるだけでなく、不法行為にも当たる

## ⑤ 安定性

歩合給制において確保すべき安定性は2つあり、一つは制度そのものの安定性で、もう一つは月による変動をできるだけ小さくするという意味での安定性です。

前述のとおり、経営環境の変化や経営戦略の変更、営業方針の見直

し等に対応して、歩合指標や歩率・歩合単価などを変更する必要に迫られることがあります。しかし歩合給制度の変更は社員の生活の基盤をなす賃金収入に変化をもたらすので、非常に慎重に行わなければなりません。説明や理解が不十分だった場合、賃金制度に対する信頼感が失われ、会社に対する不信感が生じ、離職につながる可能性があります。

経営戦略上どうしても変更が必要な場合は、説明を尽くして一定の理解を得たうえで実施しなければなりません。また、不利益変更が明らかな場合は、代償措置と併せて実施することが望まれます。

もう一つの安定性である「月による変動をできるだけ小さくする」については、歩合給の変動幅が大きいと生活に支障をきたします。そのため、大きな変動が生まれるような仕組みはできるだけ避けるべきです。

## (2) 歩合給指標、歩率・単価等を検討する

### ① 歩合給指標の例

この段階では、どのような歩合給指標、歩率・単価等を設定すべきかを検討します。変更の余地を残した仮の設定を行い、全体のシミュレーションを行うステップでバランスを確認しながら最終決定していきます。

歩合給設定の基本は、売上金額や生産個数などの指標に対して、単純に「売上×〇%」といった歩率や「生産個数×〇円」といった単価を掛けるものです。トラック運送業における具体的な歩合指標としては、次のようなものがあります。

・売上（運送収入）：売上（円）×〇%
・社内標準運賃：方面別社内標準運賃（円）×〇%
・運送量：荷物1個あたり〇円、kg あたり〇円
・走行距離：走行1km×〇円
・配送件数：1件あたり〇円

・立寄り件数：1件あたり○円
・作業内容：手積み、手降ろし、引越回数など作業1回あたり○円

## ② 複数指標の組合せ

　トラック運送業においては、上記指標を複数組み合わせるやり方も少なくありません。例えば、売上と走行距離や立寄り件数を組み合わせる、といったものです。その場合、単一の歩合指標で運用するよりもそれぞれの歩率、単価が低くなることは、言うまでもありません。

## ③ 減算を伴う方式

　歩合指標に対して、単純に「売上×○％」といった率や「生産個数×○円」といった単価を掛けるのではなく、売上から費用などを控除したものに対して歩率や単価を掛けるやり方もあります。トラック運送業の場合、次のような計算式になります。

---

**（売上−高速道路代などの費用）×歩率○％**

---

　歩合給の指標を「売上高−高速道路代」とした場合、時間的にゆとりがある場合はよいのですが、そうでない場合、歩合給を稼ぐために過度に高速道路の使用を控えるケースが発生し、労働時間が通常より長くなって過労をはじめとするマイナスの影響が出てしまうおそれがあります。走行ルートはドライバー任せにするのではなく、原則として配車指示によって決めるべきであり、併せて労働時間管理も緻密に行っていく必要があります。

　**(1)** でも触れましたが、歩合給制は一定の職務行動を誘引する機能を持ちます（172ページ参照）。その行動が想定の範囲内の望ましいものである場合はよいのですが、望ましくない行動を引き起こしてしまう可能性もあります。その点について、管理者は注意深くなければなりません。

## ④ 売上等のランクに応じて単価や歩率を設定する方式

　トラック運送業の場合はほとんどありませんが、他業種の場合、売上高に応じて歩合単価を段階的に増加させる方式や、売上高ではなく粗利（売上高－仕入原価）に対してランクを設け、ランクによって歩率を段階的に増加させるやり方もあります。**図表6-5**は、指標に対して段階的に歩率を上げていくやり方の例です。

　**歩合給1**は累進歩合制とよばれる方式によるもので、該当ランクの歩率を売上高全体に乗じて求めます。この方式では、売上高等に応じて歩合給の額が非連続的に増加していくことになります。

**図表6-5**　指標に対して段階的に歩率を上げていく方式の例

| 売上高 | 歩率 | 実際の売上高 | 歩合給1<br>（累進歩合制） | 歩合給2<br>（積算歩合制） |
|---|---|---|---|---|
| 100万円未満 | 10% | 70万円 | 7万円 | 7万円 |
| 100万円以上～<br>150万円未満 | 15% | 120万円 | 18万円 | 13万円 |
| 150万円以上～<br>200万円未満 | 20% | 170万円 | 34万円 | 21.5万円 |
| 200万円以上 | 25% | 220万円 | 55万円 | 32.5万円 |

　**歩合給2**は積算歩合制とよばれるやり方で、各区分間の売上高に対応する歩率を乗じて得た金額を合計して求めます。この方式では、売上高等に応じて歩合給の額が連続的に増加していきます。

　累進歩合制は、前述のとおり行政通達でタクシードライバーに対してこの方式をとることが禁止されています。トラックドライバーに対しては禁止されていませんが、計算も複雑であることから、トラックドライバーで採用している例は少ないと考えられます。

## ⑤ 実際の売上ではなく標準運賃を指標とする方式

トラック運送業で運送収入、つまり売上金額を歩合指標とするのは、きわめて一般的な方法ですが、実際の売上高は、同じ方面・距離を走行したとしても顧客によって異なることが多く、どうしても不公平が発生しがちです。

その不公平を解消するために、実際の売上ではなく自社標準運賃を指標とするやり方があります。

しかしながら、自社において標準運賃の設定を行っている会社は必ずしも多くありません。その場合、2020年4月に国土交通省が告示として発表したトラック運送の「標準的な運賃」（https: wwwtb.milt.go.jp/report/press/content/001341909.pdf）が参考になります。これは、東北、関東、北陸信越、中部、近畿、中国、四国、九州の各運輸局と沖縄総合事務局ごとに、距離制運賃表と時間制運賃表を定めたものです。いずれも車両区分は小型車（2tクラス）、中型車（4tクラス）、大型車（10tクラス）、トレーラー（20tクラス）の4種類で、それぞれ距離別、時間別の標準運賃が定められています。

実際の運賃はこの「標準的な運賃」の半分程度、という見方もあるようですから、この「標準的な運賃」を指標にする場合でも、50％程度を基準値とすることで実態に即した運用になるかもしれません。

一方、標準運賃方式ではなく距離歩合制にしたらどうか、という考え方もあり得ます。運賃収入も概ね距離に比例するので、このやり方にも一定の合理性はあると考えられます。ただし、距離歩合を主軸とするやり方が、ドライバーの意識、ひいては企業カルチャーにまったく影響しないとはいえません。

顧客が金銭を支払うのは、価値があると判断したサービスに対してです。大きく捉えれば、自社のサービスが選ばれるかどうかは、運賃の額だけでなく需給関係や輸送の品質も左右します。にもかかわらず単に走る距離によってドライバーの労働価値を図るという考え方に立つと、輸送品質など他の顧客にとっての価値に対するドライバーや管

理者の認識が希薄にならないかという点が、若干危惧されます。

　顧客の価値判断の結果が売上であり、それを歩合指標とするのがビジネスの本来的な成立ちに沿ったものです。距離歩合は、売上高を基準にした場合に生まれる不公平さを是正するための副次的な要素と捉えるべきではないでしょうか。

**図表6-6**　標準的な運賃（距離制運賃表）（関東運輸局）

（単位：円）

| キロ程　＼　車種別 | 小型車<br>(2t クラス) | 中型車<br>(4t クラス) | 大型車<br>(10t クラス) | トレーラー<br>(20t クラス) |
|---|---|---|---|---|
| 10km | 15,790 | 18,060 | 22,540 | 27,940 |
| 20km | 17,600 | 20,160 | 25,330 | 31,550 |
| 30km | 19,410 | 22,270 | 28,120 | 35,160 |
| 40km | 21,220 | 24,370 | 30,920 | 38,770 |
| 50km | 23,040 | 26,480 | 33,710 | 42,380 |
| 60km | 24,850 | 28,580 | 36,500 | 45,990 |
| 70km | 26,660 | 30,690 | 39,290 | 49,600 |
| 80km | 28,470 | 32,790 | 42,090 | 53,200 |
| 90km | 30,280 | 34,890 | 44,880 | 56,810 |
| 100km | 32,090 | 37,000 | 47,670 | 60,420 |
| 110km | 33,910 | 39,090 | 50,390 | 63,930 |
| 120km | 35,730 | 41,170 | 53,110 | 67,430 |
| 130km | 37,550 | 43,260 | 55,830 | 70,940 |
| 140km | 39,360 | 45,340 | 58,550 | 74,440 |
| 150km | 41,180 | 47,430 | 61,270 | 77,950 |
| 160km | 43,000 | 49,510 | 64,000 | 81,450 |
| 170km | 44,820 | 51,600 | 66,720 | 84,960 |
| 180km | 46,630 | 53,690 | 69,440 | 88,460 |
| 190km | 48,450 | 55,770 | 72,160 | 91,970 |
| 200km | 50,270 | 57,860 | 74,880 | 95,470 |
| 200km を超えて 500km まで<br>20km を増すごとに加算する金額 | 3,630 | 4,140 | 5,370 | 6,910 |
| 500km を超えて<br>50km を増すごとに加算する金額 | 9,070 | 10,360 | 13,430 | 17,280 |

第6章　オール歩合給制度

## ⑥　ルート別単価方式のリスク

### ・ルート別単価方式とは

　歩合給制の運用方法として、ルート別単価方式と呼ぶべきものがあります。下表のように、行き先別に一運行あたりの手当を運行手当などという名称で設定する方式です。行き先は、自社（出発地）を起点として都道府県単位で設定されることもありますし、顧客数がある程度限定されている場合、顧客ごとに設定されることもあります。

　運行手当の金額は、標準的な運賃収入からドライバーの取り分にふさわしい水準で設定されますが、運賃収入×○○％といった考え方から導き出されることが多く、一般に歩合給として扱われます。

| 行き先 | 運行手当 |
|:---:|:---:|
| A | ○○○円 |
| B | ○○○○円 |
| C | ○○○○円 |
| ⋮ | ⋮ |

　ルート別単価方式に関して注目すべき裁判例があります（千葉地裁松戸支部 2019 年 9 月 13 日判決）。歩合給制における残業代請求に関する事案です。

　被告会社では、トラックドライバーに対してルート別単価方式で運行手当（歩合給）を定め、運行手当の合計額を月給として支給していました。

　原告ドライバー側は、ルート別単価方式の歩合給制は、実際は歩合給制ではなく日給月給制であると主張し、固定給制に適用される計算方式による割増賃金支給を要求しました。

　裁判所は、原告側の主張どおり、ルート別単価方式による歩合給制は日給月給制にほかならないと判断し、出来高払制としての性質を否定しました。ルート別単価方式のため行き先によって日々の金額は変

わるけれど、それは日給であり、その合計額が日給月給として支払われるという解釈です。

判決文では、「出来高払制その他の請負制の賃金体系は労働者が現に行った仕事の成果に従って賃金額が変動する賃金制度である」としたうえで、「ルート別単価は、ルートごとの標準的な収受運賃、拘束時間、走行距離、作業内容等を勘案して決められたものであって、運転手の仕事の成果である現実の売上高や配送量あるいは運送時間によって増減するものではないことが認められる。そうすると、被告の主張する上記賃金体系は、そもそも、出来高払その他の請負制の実質を備えていないというべきである」とまで述べられています。

このようなルート別単価方式に対する評価に加えて、この事案では以下のような特殊要因があったことが、歩合給制の否定につながったと考えられます。

① 出来高払制を適用することについての合意（労働契約）がなかった
② 就業規則では「従業員の賃金は、基本給（日給月給制）と手当」と記載されていた
③ 給与支払明細書で運行手当の合計額が基本給と記載されていた
④ 就業規則で割増賃金の割増率が、時間あたり算定基礎額の100分の125とされていた
⑤ 出来高払制の保障給の設定がなかった

判決では、割増賃金の計算に関して労基則19条1項2号「日によって定められた賃金」の規定が適用され、ルート別単価によって導かれる日給額を1日の所定労働時間である8時間で除して時給単価を算出する方法で、未払い割増賃金の支払いが命じられました。

一方で、付加金の請求が認められなかったのですが、その理由として「運転手には定額の日給や月給の定めがなかったことからすると、被告の賃金体系が出来高払制であるとする被告の主張にも理解できる

ものがある」と述べています。ルート別単価方式が歩合給制であることを否定する一方で、その判断に対する迷いが存在することも見て取れます。仮に①〜⑤の要素がなかったとすると、ルート別単価方式が日給と解釈されたかどうかについては疑問が残ります。

**・ルート別単価方式を歩合給制として用いる場合の留意点**

　倉庫と工場の間のピストン輸送のような運行形態もよく見られますが、そこでもルート別単価が設定されることは一般的で、ルート別単価×回数で歩合給が計算されます。この方式は、製品一つ生産することに対して単価を設定して単価×個数（出来高）で支払うという、製造現場における典型的な出来高払制と同じ構造を持っています。

　ルート別単価方式が歩合給制として不適切であるとは考えにくいのですが、上記のような裁判例も出された以上、できるだけ疑念を持たれないようにすることが肝要です。

　一日何往復もするような運送形態でのルート別単価方式は、単価×回数の歩合給構造が明確なため、比較的問題になりにくいと考えられます。一方で上記裁判例のように、ルート別単価（歩合給）がそのまま日給と解釈されそうなケースも存在します。そのような場合、ルート別単価方式ではなく、ルート別に合理的な標準運収額を設定して、１カ月の運収合計に歩率を掛けて歩合給を算出する方式を採用することで、歩合給構造がより明確になります。

　そして当然のことながら、歩合給制について労使で合意し、就業規則や雇用契約書などにその内容を明示することは必須です。

## （3）　歩合給シミュレーションを実施する

　選択した歩合指標についての、第一次のシミュレーションを実施します。第5章Ⅰの検討で、歩合給制が成り立つかどうかについて売上をベースに全社数値を確認しましたが、ここでは実際に指標の組合せを検討したり費用の控除などを指標に組み込むかどうかを検討したりしていきます。

　指標となる数字は、季節的な変動があればやはり1年間のデータを抽出し、歩合給がどのように変化するかのシミュレーションを行う必要があります。経営環境の変化による影響の見通しを立てておくことも必要です。今後の売上等の歩合指標が大きく変化すると予想されるなら、その見込みに基づいてシミュレーションを実施しなければなりません。

　図表6-7は、歩合給の試算を全社レベルで行ったオール歩合給制のシミュレーション例です。ここでは、売上金額、立寄り件数、走行距離に対して歩率や単価が設定されています。表計算ソフトで作成されていて、右側の「歩合給」の欄は、各指標の歩率や単価を変化させると、左側の「歩合指標」の数値と自動計算され、指標ごとの歩合給の額と歩合給合計額が確認できるようになっています。

### ①　歩合給の合計金額に基づき、仮の歩率、単価を決める

　シミュレーションでは、最初に、会社全体の歩合指標の1年分の合計値を左側の「歩合指標」の欄に入力します。

　次に、右側の「歩合給」の欄で各指標の歩率、単価を変化させて、歩合給の合計金額を確認します。

**図表6-7**　全社レベルで行ったオール歩合給制のシミュレーション例

| 歩合指標 | | | 歩合給 | | | |
|---|---|---|---|---|---|---|
| 売上<br>金額 | 立寄り<br>件数 | 走行<br>距離 | 売上歩率 | 立寄り<br>1件 | 走行1km | 歩合給<br>合計 |
| 円 | 件 | km | 22% | ¥400 | ¥ 4 | |
| 461,806,118 | 11,677 | 2,958,078 | 101,597,346 | 4,670,784 | 11,832,310 | 118,100,440 |

図表6-7の歩合の主体は売上歩合で、歩合全体の86％を占めます。立寄り件数に対する歩合と走行距離歩合は、このケースでは不公平さを是正する副次的な機能を持つにとどまります。

## ②　仮決めした歩率、単価を使ってドライバーごとの歩合給額を確認する

　そのうえで、ドライバーごとに歩合指標の実績データを月単位で入力し、歩率、単価を掛けて歩合給がどのような金額になるかを確認します（**図表6-8**）。12カ月分作成したら、表計算ソフトの機能を使って12カ月分の合計も算出します。その値は、**図表6-7**の会社全体の歩合給合計に一致するはずです。

　**図表6-8**によって月の変動や人による違いなどを確認していき、それが許容範囲内かどうかを判断していきます。具体的には、各人の歩合給年間合計額を「ターゲット年収決定表」（167ページ**図表6-4**）と比較して、概ね下限年収、上限年収の範囲内であれば、その歩率、単価を適切と考え、仮決定します。

**図表6-8**　月単位のオール歩合給制のシミュレーション例

| 氏名 | 歩合指標 | | | 歩合給 | | | |
|---|---|---|---|---|---|---|---|
| | 売上金額 | 立寄り件数 | 走行距離 | 売上歩合 | 立寄り1件 | 走行1km | 歩合給合計 |
| | 円 | 件 | km | 22% | ¥400 | ¥4 | |
| ○○○○ | 1,378,000 | 25 | 9,809 | 303,160 | 10,000 | 39,236 | 352,396 |
| ○○○○ | 1,377,250 | 32 | 10,520 | 302,995 | 12,800 | 42,080 | 357,875 |
| ○○○○ | 1,240,000 | 52 | 21,096 | 272,800 | 20,800 | 84,384 | 377,984 |
| ○○○○ | 1,576,000 | 30 | 7,046 | 346,720 | 12,000 | 28,184 | 386,904 |
| ○○○○ | 1,300,000 | 28 | 11,910 | 286,000 | 11,200 | 47,640 | 344,840 |
| ○○○○ | 1,601,500 | 53 | 8,061 | 352,330 | 21,200 | 32,244 | 405,774 |
| ○○○○ | 1,370,500 | 31 | 11,945 | 301,510 | 12,400 | 47,780 | 361,690 |
| ○○○○ | 1,476,000 | 38 | 6,000 | 324,720 | 15,200 | 24,000 | 363,920 |
| ○○○○ | 877,000 | 15 | 5,472 | 192,940 | 6,000 | 21,888 | 220,828 |
| | 37,729,258 | 954 | 241,673 | 8,300,437 | 381,600 | 966,692 | 9,648,729 |

1月 2月 3月 4月 5月 6月 7月 8月 9月 10月 11月 12月 合計 ⊕

### ③　歩合給の金額に大きなばらつきが生じた場合の対応

　シミュレーションによりドライバー間で歩合給の金額に大きなばらつきが生じると確認された場合、オール歩合給制あるいは歩合給制の導入は無理と判断しがちですが、歩合給制が導入されていない状態での配車は歩合給への反映を意識せずに行っているので、ばらつきは改善できる可能性があります。配車の改善が可能かどうかを検討したうえで歩合給制導入の可否を判断する必要があります。

　明らかに仕事量に対する歩合給のバランスが適切でない場合は、会社全体の数値によって仮決めした歩率や単価を変更してみて、歩合給の変化を確認します。場合によっては指標自体の設定も変えてみる必要があります。

　こうした作業を行って、歩率、単価を決めていきます。

## （4）　出来高払制の保障給を設定する

### ①　保障給が実際に支払われるケースは稀だが、設定すること自体が法的に求められる

　オール歩合給制の場合はもちろんのこと、固定給と歩合給の併用型であっても、固定給部分が賃金総額中の概ね6割程度以上でなければ、労基法27条で規定される出来高払制の保障給の設定が必要となります。

　第4章Ⅳ-2のとおり、トラックドライバーの保障給は、行政通達により平均賃金の6割以上ではなく、通常賃金の6割以上の水準が求められます。実際には、業務の割当（配車）が行われたうえで通常賃金の6割に満たない、という状況は非常に考えにくいので、保障給が実際に支払われるケースは稀であると考えられます。なお、受注不足により業務量が減り、就労できなかった場合には、保障給ではなく休業手当（労基法26条）の支払いが求められます。

　保障給は、実際に支払われることが少ないにしても、設定すること

自体が法的に求められます。また、保障給の仕組みによって歩合給制導入に対する抵抗感をある程度払拭できる可能性もありますので、わかりやすい形でそれを示す必要があります。

オール歩合給制トラックドライバーに対する保障給の設定例をみていきましょう。

## ② オール歩合給制の場合の保障給に関する規定例

《オール歩合給制の場合の保障給に関する規定例》

> 実労働時間あたりの歩合給が、以下の各号の時間単価のうちいずれか高いほうに満たない場合は、その水準に至るまで歩合給を増額支給する。
> ① 1,200 円
> ② 過去 3 カ月分の歩合給をその期間の総労働時間数で除した金額の 6 割

保障給は、規定例の②だけで機能するのですが、あえて①の時間単価を定義することでわかりやすさが増します。②だけでは、金額のイメージが湧きません。法的には OK だとしても、歩合給制が適用されるドライバーには「イメージできないものはないも同然」という心理的な印象を与えてしまいます。

仮に、月の所定労働時間が 170 時間で①＞②であったとすると、歩合給を総労働時間で割った時間単価が 1,200 円の水準までは保障されることになります。月に所定労働時間である 170 時間働いた場合は、成果にかかわらず少なくとも 170h×1,200 円＝204,000 円の歩合給が支給されるということです。もちろん、時間単価で 1,200 円以上の歩合給が支給された月には、それ以外に保障給が支払われることはありません。

金額を具体的に示すことができる規定のしかたは、非常に有効です。トラックドライバーの場合、基本給が設定されていたとしても、その金額は 20 万円に満たないことが一般的です。月の所定労働時間働いた場合の保障給が 20 万円を超え、時間外労働があればその時間

分は保障給も上乗せとなり、それに対する割増賃金も支払われる仕組みを明確に示すことで、オール歩合給制に対する不安を多少なりとも和らげることができると考えられます。

歩合給制においては、保障給をわかりやすく示すことがポイントとなります。特にオール歩合給制においては、歩合給と保障給そして後述する導入時の激変緩和措置の３つをセットにして示すことで、導入に向けてのハードルが下がると考えられます。

## ステップ6 補助的賃金（手当類）を決定する

### （1） 現行賃金を評価し、手当の統廃合や新設を行う

基本給等の基幹的賃金に先立って、手当類の補助的賃金の設定を行うのが実務的な手順です。基本給額などに関しては、この程度がいいという判断基準がない一方、手当はそれぞれ支給理由が明確なので（明確でないものは次に述べるように廃止すべき）、基本給よりも金額を決めやすいのです。もちろん、全体の構造と手当類、基本給等を決めたうえで、最終的には年収レベルで職種間のバランスを保つ必要があるため、調整自体は必要となります。

手当ごとの支給目的や今後の必要性を検討し、必要でないものは廃止し、その分を「賃金改定の原資」として確保していきます。特に特別手当・調整手当・職務手当などの名称で支払われている手当は、設定当時には目的や意味があったものでも、現在は機能していないものも多いため、再確認を行ったうえで整理統合、支給額の増減などを行う必要があります。

なお、トラックドライバーなどの現業職については、家族手当や住宅手当など労務提供に直接関係のない手当は、廃止していく傾向が特に強くなっています。ドライバー不足が続き、求人に際して共通的に提示できる基本給などの固定的賃金額をできるだけ大きくしたいという事情もあるからです。

手当は必要なものに限り設定していきますが、その内容に明確な意味を持たせていくことが重要で、一般的には職種や車種による負荷や難易度、必要な資格の違いなどを金額で表現していくことになります。また、行動への動機付けとして設定する手当もあります。評価手当や無事故手当を設定することで、取ってもらいたい職務行動への動機付けを行い、取ってもらいたくない行動の抑制を図っていくものです。

　賃金は、基本的には同一労働同一賃金を基本に置くべきで、そのうえで金銭評価すべき価値のある差異を金額で表現していくということです。その差異とは、職務や能力あるいは生み出す成果の違いといったものですが、すべての差異を賃金として表現することはできません。多くは省略され、最大公約数として捉えることのできたものだけが賃金制度における基本給、歩合給、各種手当などとして表現されることになります。

## (2)　職務型手当を設定する

### ①　手順

　**ステップ4**で考えた以下の賃金構造に沿って、具体的にその内容を決めていきます。

| |
|---|
| 職種A：基本給＋勤続給＋地域手当＋職務手当A＋通勤手当＋その他 |
| 職種B：基本給＋勤続給＋地域手当＋職務手当B＋通勤手当＋その他 |
| 職種C：基本給＋勤続給＋地域手当＋職務手当C＋通勤手当＋その他 |
| 職種D：基本給＋勤続給＋地域手当＋歩合給＋通勤手当＋その他 |
| 職種E：歩合給＋出来高払制の保障給＋通勤手当＋その他 |

　ここで決めるのは、職種ごとに設定した**職務手当A**、**職務手当B**、**職務手当C**をいくらにするかですが、差額だけでなく、絶対額を決め

なければなりません。**ステップ3**で「車種A＞車種B＞車種Cで、それぞれ月例賃金で1万円程度の格差とする」という方針を決めているので、それぞれ、例えば3万円、2万円、1万円とするのか、5万円、4万円、3万円とするのかですが、このケースでは、**職種D**の構造と関連が出てきます。**職種D**への歩合給の見積もりとのバランスで決めることになります。

つまり、**職種D**の歩合給想定額が5万円程度で、**職種D**は**職種A**と同程度の賃金がふさわしいということであれば、職務手当Aは5万円ということになります。逆に、職務手当の金額のほうがイメージしやすければ、職務手当を決めてから**職種D**の歩合給水準を決めるという順もあり得ます。

このような手順で職種のバランスを考えながら金額を決め、最終的には全体のシミュレーションをする中で微調整を行ったうえで確定させていきます。もちろん、現在職務手当に類似する手当を支給していて、その水準を大きく変えることに違和感が生じるようでしたら、現在の手当水準を目安にして決めていくのも現実的な手法です。

## ② その他の職務手当を設定する場合

今回のケースでは輸送形態の違いによる職種を基準に職務手当を設定しましたが、車種別に手当を設定する場合もありますし、営業活動が伴う職種に営業手当が設定されたり、手積み手降ろしが付随する作業に対して作業手当などが設定されたりすることもあります。また、特殊な資格などに対して手当を支給する場合もあります。

### ・役割手当

ドライバー職において、班長、主任、リーダーなどの役割が設定されることがあります。会社からの通達事項等をメンバーに周知したり、逆にメンバーの意見等を会社へ伝えたりするなど、会社とドライバーのコミュニケーションを促進する役割を期待されるケースが多いようです。

対価として班長手当、主任手当、リーダー手当などが支給されます。このような手当は一般化して役割手当と呼ぶことができます。金額としては、リーダーや班長という役割で 5,000 円〜 2 万円程度、という設定が多く見られます。

## ・無事故手当

　トラック運送業では、無事故手当を設定しているケースが多いと考えられます。対人および対物事故や交通違反、輸送事故などがなかった場合に支給する手当です。安全手当などとよばれることもあります。

　車種によって金額を変える場合もありますが、それは大型車両ほど事故のダメージが大きくなるからです。金額としては、 1 〜 4 万円程度の設定が一般的と考えられます。小さな違反や小さな損害の場合は無事故手当が 1 カ月支給停止されますが、大きな違反や大きな損害の事故を起こした場合は、一般的に数カ月間手当を支給しないという対応になります。

　オール歩合給制が適用される職種については、通勤手当など一部の手当を除き、基本的には歩合給一本の運用となりますので、無事故手当に替えて無事故・無違反の場合に一定の歩率を上乗せする無事故加算で運用するケースもあります。例えば、売上歩合が 24 ％で無事故加算が 2 ％とする、などです。

## (3)　生活補助手当を設定する

### ①　通勤手当

　通勤手当は、法的に支給義務があるものではありませんが、支給していない会社は非常に少ないと考えられます。

　設定基準としては、国税庁が定める通勤手当の非課税限度額を基準に支給しているケースや、会社独自で距離や金額の設定を行っている

ケース、会社使用スタンドのガソリン単価を基準に毎月単価の見直しを行っているケースなど、様々です。いずれの場合でも支給額の上限を設ける場合が一般的で、1〜2万円程度までの支給が多いようです。

オール歩合給制でも支給されることが少なくありませんが、通勤に係る費用に応じて支給する場合は割増賃金の計算基礎から除外することができるため、割増賃金の額は通勤手当を含まない歩合給のみの計算で行うことができます。

## ② 家族手当、住宅手当

家族手当は、条件に該当する扶養家族を有する者に対して支給する手当で、採用時の月例賃金を高いレベルに設定したいため、支給されないことも一般的です。近年では配偶者に対する手当を縮小または廃止して、子供に対する手当額を増額する傾向にあります。

住宅手当については、トラックドライバーへの支給は稀であると考えられますが、複数の事業拠点を有する場合で、大都市と地方など地域間における住宅に係る費用の差を補てんするために設定する場合があります。ただし、その場合は基幹的賃金のところで説明する地域手当のほうが使い勝手が良いと考えられます。

なお、家族手当と住宅手当は、通勤手当と同様に、割増賃金の計算基礎から除外することができます。

## ③ 食事手当

事業場外で勤務するトラックドライバーに対して、食事代を補助するために支給する手当です。他業種でこの手当を支給する例は少なくなりましたが、トラックドライバーに対しては、経営者がこだわりを持つことが多く、今も支給されるケースが少なくありません。手当類の見直しが行われても、維持されがちです。

年次有給休暇を取得しても支払いが必要な皆勤手当を廃止する代わりに、出勤を促す意味で食事手当を支給するケースもあります。な

お、実際の出勤を前提として食事手当を支給し、年次有給休暇を取得した際には支給しないことについて、違法とまではいえないという厚生労働省の見解を得ています。

支給方法は、出勤1日に付き支給されるケースと、一運行に対して支給されるケースがあります。単価は200〜800円程度と考えられます。

手当の趣旨、機能が明確になると、その支給対象となるかどうかも明確になります。日本版「同一労働同一賃金」により、待遇の性質・目的上、非正規であることを理由として支給しないことは、この原則に反する不合理な待遇差にあたる可能性が高いといえます。少なくとも支給目的が明確な食事手当などに関しては、正規・非正規を問わず同一の基準で支給する必要があります。

## ステップ7 基幹的賃金（基本給等）を決定する

### （1） 基幹的賃金の構成

前述のとおり、トラックドライバーなどのジョブ型雇用では、定期昇給という概念を持たないことが一般的です。歴史のある大企業の物流子会社などにおいて賃金表を用いて昇給ルールを設定している企業もありますが、非常に例外的なケースといえます。かと言って基本給が全員同じ金額ということでもなく、時折昇給したり中途採用で前職の賃金水準との関係で高めに設定されていたりして、金額にばらつきが生じているケースが見受けられます。

これまで検討してきた賃金体系では、職種の違いなどは職務手当で表すこととしています。歩合給が設定される場合は、成果の違いは歩合給で設定されます。主任、リーダーなどの役割については、役割手当によってカバーされます。

ですから、基本給は設定するものの定期昇給の要素を組み込まずその機能を勤続給等で代替させ、地域による賃金水準の格差については

地域手当によってカバーしていけば、基本給はシングルレート、つまり単一の金額として運用することが可能になります。

## （2）　勤続給

### ①　単体で指標とする場合は、業務の習熟に通常必要な期間に応じて上限を設ける

トラックドライバーの場合も他の職種と同様に、採用されてから一定期間は業務への習熟によって発揮能力が向上していくことが見込まれます。能力の向上による貢献度の向上を勤続年数で測るという手法を採用すれば、それは勤続給ということになります。勤続給とは、勤続年数（通常は1年）に対して一定金額を積み増ししていくものです。

入社後一定年数まではその会社の業務に習熟していくので、その業務の習熟に通常必要な期間に応じて上限を設ける、というのが原則的な対応になります。例えば5年、どんなに長くても10年程度ではないでしょうか。

### ②　複数の指標を組み合わせる場合は、定期昇給機能を持たせることもできる

一方、賃金制度上は支給対象とすべき複数の指標をまとめて最大公約数として機能させるという考え方もあります。

前述のとおり、トラックドライバーなどのジョブ型雇用では、通常、定期昇給は存在しません。その結果、何年も賃金額が変わらない、新人とベテランが同じ給与水準といった現象が起こるため、働き続けるモチベーションを維持できるよう多少なりとも昇給が見込める制度としたいのですが、大きな昇給原資は見込めません。

そこで、習熟に対する評価と少額の定期昇給の機能を複合させて勤続給を設定する、という方法があり得ます。そしてトラックドライバーの賃金制度においては、この勤続給はとてもマッチングが良いと考えられます。

定期昇給機能も兼ねることになるので、最大で30年程度までの設定になると考えられます。長期であるほど大きな額を設定することは難しくなりますので、1年あたりの金額は年1,000円〜2,000円が限界でしょう。早期離職を防止して定着を図るため、入社後数年間は年2,000円などとする方法もあります。

1年につき1,000円で30年までの設定となれば、最大で30,000円支給されることとなります。基本給を一律の金額とした場合であっても、ベテランと若手の差を付けることが可能となり、毎年賃金額が変わらないという状況を避けることができます。

なお、年齢給に関しては、中途（キャリア）採用が中心のトラックドライバーには整合しにくく、採用すべきではありません。

## (3) 地域手当

### ① 地域における賃金水準の違いを埋める意味合いが強い

複数の事業拠点を有する場合で、大都市と地方など地域間における様々な「差」を埋めるための手当です。物価の違いから生じる生活コストの差をある程度解消するために支払うという意味に加え、地域における賃金水準の違いを埋めるという意味もあります。実際には、この影響のほうが大きいと考えられます。また、通勤事情や積雪を考慮するケースもあります。

手当による対応ではなく、例えば基本給水準そのものを変更するという方法もありますが、賃金制度はできるだけ統一的なものにしておいたほうが体系としてのバランスが保てますし、仮に転勤があった場合でも対応しやすいという事情があります。

### ② 支給方法・支給額

支給方法には、地域手当として一定額を支給するやり方と、基本給などに地域ごとに定められた係数を乗じて支給するやり方もありま

す。例えば国家公務員の場合、定額の手当ではなく基本給に相当する俸給や扶養手当に、地域によって定められた比率を掛けて金額を決めます。主に民間賃金の高い地域に勤務する職員に支給するというのがその趣旨ですが、このやり方では賃金の高い層が一層有利になることになります。

　金額の差は、地域間の「差」を勘案して設定することになりますが、３万円程度の差を付ける場合が多いと考えられます。なお、都道府県ごとに定められている最低賃金の差は、地域間の差を勘案する際に一つの目安にはなると思われます。**図表６-９**は都道府県ごとの最低賃金と全国加重平均を 100％とした場合の比率、**図表６-10**は都道府県ごとの年収平均と全国加重平均を 100％とした場合の比率を示したものです。

## 図表6-9 令和3年度 地域別最低賃金

| 都道府県名 | 最低賃金 時間額【円】 | 対全国比 |
|---|---|---|
| 北海道 | 889 | 95.6% |
| 青　森 | 822 | 88.4% |
| 岩　手 | 821 | 88.3% |
| 宮　城 | 853 | 91.7% |
| 秋　田 | 822 | 88.4% |
| 山　形 | 822 | 88.4% |
| 福　島 | 828 | 89.0% |
| 茨　城 | 879 | 94.5% |
| 栃　木 | 882 | 94.8% |
| 群　馬 | 865 | 93.0% |
| 埼　玉 | 956 | 102.8% |
| 千　葉 | 953 | 102.5% |
| 東　京 | 1,041 | 111.9% |
| 神奈川 | 1,040 | 111.8% |
| 新　潟 | 859 | 92.4% |
| 富　山 | 877 | 94.3% |
| 石　川 | 861 | 92.6% |
| 福　井 | 858 | 92.3% |
| 山　梨 | 866 | 93.1% |
| 長　野 | 877 | 94.3% |
| 岐　阜 | 880 | 94.6% |
| 静　岡 | 913 | 98.2% |
| 愛　知 | 955 | 102.7% |
| 三　重 | 902 | 97.0% |
| 滋　賀 | 896 | 96.3% |
| 京　都 | 937 | 100.8% |
| 大　阪 | 992 | 106.7% |
| 兵　庫 | 928 | 99.8% |
| 奈　良 | 866 | 93.1% |
| 和歌山 | 859 | 92.4% |
| 鳥　取 | 821 | 88.3% |
| 島　根 | 824 | 88.6% |
| 岡　山 | 862 | 92.7% |
| 広　島 | 899 | 96.7% |
| 山　口 | 857 | 92.2% |
| 徳　島 | 824 | 88.6% |
| 香　川 | 848 | 91.2% |
| 愛　媛 | 821 | 88.3% |
| 高　知 | 820 | 88.2% |
| 福　岡 | 870 | 93.5% |
| 佐　賀 | 821 | 88.3% |
| 長　崎 | 821 | 88.3% |
| 熊　本 | 821 | 88.3% |
| 大　分 | 822 | 88.4% |
| 宮　崎 | 821 | 88.3% |
| 鹿児島 | 821 | 88.3% |
| 沖　縄 | 820 | 88.2% |
| 全国加重平均額 | 930 | 100.0% |

## 図表6-10 都道府県別年収一覧

| 都道府県 | 年収（千円） | 対全国比（%） |
|---|---|---|
| 北海道 | 4,233 | 86.9% |
| 青　森 | 3,668 | 75.3% |
| 岩　手 | 3,793 | 77.8% |
| 宮　城 | 4,459 | 91.5% |
| 秋　田 | 3,758 | 77.1% |
| 山　形 | 3,868 | 79.4% |
| 福　島 | 4,126 | 84.7% |
| 茨　城 | 4,828 | 99.1% |
| 栃　木 | 4,571 | 93.8% |
| 群　馬 | 4,566 | 93.7% |
| 埼　玉 | 4,666 | 95.7% |
| 千　葉 | 4,756 | 97.6% |
| 東　京 | 5,952 | 122.2% |
| 神奈川 | 5,370 | 110.2% |
| 新　潟 | 3,982 | 81.7% |
| 富　山 | 4,585 | 94.1% |
| 石　川 | 4,511 | 92.6% |
| 福　井 | 4,340 | 89.1% |
| 山　梨 | 4,620 | 94.8% |
| 長　野 | 4,475 | 91.8% |
| 岐　阜 | 4,549 | 93.4% |
| 静　岡 | 4,652 | 95.5% |
| 愛　知 | 5,133 | 105.3% |
| 三　重 | 4,755 | 97.6% |
| 滋　賀 | 4,862 | 99.8% |
| 京　都 | 4,901 | 100.6% |
| 大　阪 | 5,044 | 103.5% |
| 兵　庫 | 4,849 | 99.5% |
| 奈　良 | 4,611 | 94.6% |
| 和歌山 | 4,348 | 89.2% |
| 鳥　取 | 4,015 | 82.4% |
| 島　根 | 4,010 | 82.3% |
| 岡　山 | 4,421 | 90.7% |
| 広　島 | 4,668 | 95.8% |
| 山　口 | 4,537 | 93.1% |
| 徳　島 | 4,237 | 86.9% |
| 香　川 | 4,419 | 90.7% |
| 愛　媛 | 4,082 | 83.8% |
| 高　知 | 3,922 | 80.5% |
| 福　岡 | 4,436 | 91.0% |
| 佐　賀 | 3,973 | 81.5% |
| 長　崎 | 3,956 | 81.2% |
| 熊　本 | 4,106 | 84.3% |
| 大　分 | 4,049 | 83.1% |
| 宮　崎 | 3,840 | 78.8% |
| 鹿児島 | 3,979 | 81.7% |
| 沖　縄 | 3,740 | 76.8% |
| 全国 | 4,873 | 100.0% |

出典：賃金構造基本統計調査（賃金センサス）、企業規模計（10人以上）男女計
＊年収とは、決まって支給する現金給与額×12＋年間賞与その他特別給与額をいう。
出典：令和2年賃金構造基本統計調査（賃金センサス）、企業規模計（10人以上）男女計

## （4） 基本給

　最後に、基本給の設定を行います。基本給の金額に本質的な意味は
ないので、金額設定は逆算方式、つまり支払うべき月例賃金の水準か
ら設定した手当の額と想定する割増賃金の２つを差し引き、その残り
の金額を基本給とする、という考え方が実践的です。

## ①　支払形態

### ・時給制

　時間あたりで賃金を支給する形態で、宅配やコンビニ配送などドラ
イバーの裁量が小さい業務や、フルタイムでない働き方に適していま
す。

### ・日給制

　出勤日数に応じて賃金を支給する形態で、１日で完結する業務や日
ごとに業務内容が異なる場合に適しています。

　トラックドライバーへの日給制の適用は一般的で、月給制よりも適
用割合は高いという印象を持っています。日給制とすることでドライ
バーに出勤を促す効果があるため、経営サイドからすると出勤日数に
応じて費用が発生する仕組みは望ましいものです。また、歩合給と同
様に「走ってなんぼ」の意識を持つドライバーから違和感を持たれに
くいという事情もあります。

　ただ、やはり月によって所定労働日数が異なり、それが収入に反映
されるので、賃金制度改革にあたっては、日給制から月給制への移行
も検討テーマの一つになり得ます。月平均所定労働日数×日給を月額
とすれば、理論的にはコストは変わらず、ドライバーの収入の安定化
につながるからです。労使ともに相応のメリットのある均衡点を求め
ることが重要と考えられます。

・月給制

　月給制（「日給月給制」ともよばれる）は、毎月の出勤日数に変動
がある場合でも毎月同額を支給する形態で、ドライバーにとっては毎
月の支給額が安定するメリットがあり、採用割合も高い方式です。た
だし、遅刻早退欠勤等があった場合は賃金控除されます。

　命じる業務の幅が広い場合や成果を数値で評価することが難しい業
務の場合は歩合給を採用することが難しいため、月給制が適用される
ことが一般的です。

## ②　設定方法

### ・総合決定方式

　「基本給は、本人の能力や貢献度等を総合的に勘案して決定する」
といった、いわゆる総合決定方式が採られることがあります。メン
バーシップ型雇用の場合だけでなく、トラックドライバーのような
ジョブ型雇用においても、この形態は非常に多いのです。

　しかし、この方式は避けるべきです。現実に、総合決定給方式によ
る基本給の格差に合理的な理由が見出せないケースが大部分だからで
す。そのようなケースでは、基本給額は既得権以上の意味を持ち得ま
せん。

　もう一つの理由は、基本給額の変更の難しさです。経営環境変化に
対応して賃金額を不利益に変更せざるを得ない場合、労働者の同意が
必要になります。一定の合理性があれば、就業規則・賃金規程の変更
により行うことができるのですが、総合決定給においては、就業規
則・賃金規程に金額の定義がないため、同意によらなければ変更でき
ないということになってしまいます。

　トラックドライバーのようなジョブ型雇用においては、賃金額は就
業規則・賃金規程に金額の根拠が記載可能な形態にすべきです。それ
は、次に示す一律設定方式、賃金表方式、昇給予定表方式のいずれで
あっても技術的には可能ですが、この総合決定方式だけはそれができ
ないのです。

・一律設定方式

　基本給額は、全員一律とするのは最もわかりやすい方式です。

　基本給の金額を全社一律、または職種ごと地域ごとで一律に定め、それらを就業規則・賃金規程へ明確に規定するという方式を採ります。変更の必要が生じた際には、一定の合理性があれば、その記載金額を変えることで、技術的には同意によらない基本給額の変更が可能になります。

　基本給の設定金額が10万円以下になる場合、基本給とよぶには低過ぎることから、職務給などの名称を使うこともあります。

　トラックドライバーに適用されることが多い日給制については、その金額が職種や地域などで一律に定められている場合は、月給制における一律設定方式と意味合いは同じになります。ただし、日給制の場合は月の所定労働日数によって月の合計金額が変わってくるという違いがあります。


・賃金表方式

　レアケースですが、賃金表を使っている企業もあります。

　職種や地域ごとに異なる賃金表を採用する方法、同一の賃金表を適用する方法、いずれもあり得ます。賃金表には下限・上限金額があり、その間を一定の金額差（昇給ピッチ）で号俸が設定されます。賃金表を使う以上、基本的に定期昇給が想定されています。

　例えば、毎年1号俸ずつ上がっていくもので、もし一律昇給であれば、機能としては勤続給と変わらないということになります。一般的には、評価を行ったうえで、A評価なら2号俸、B評価なら1号俸、C評価なら昇給なしといった対応がとられ、上限まで行った場合、昇格がなければそこで昇給はストップします。賃金表方式であれば、技術的には賃金表の書換えによって基本給額の変更が可能になります。

　賃金表方式は、ドライバー職でも新卒採用を行う企業や、大企業の物流子会社などで採用される例があります。

【例1】

| 号俸 | 昇給ピッチ | 賃金額（円） |
|---|---|---|
| 1 | | 170,000 |
| 2 | 2,000 | 172,000 |
| 3 | 2,000 | 174,000 |
| 4 | 2,000 | 176,000 |
| 5 | 2,000 | 178,000 |
| 6 | 2,000 | 180,000 |
| 7 | 2,000 | 182,000 |
| 8 | 2,000 | 184,000 |
| 9 | 2,000 | 186,000 |
| 10 | 2,000 | 188,000 |
| 11 | 2,000 | 190,000 |
| 12 | 2,000 | 192,000 |
| 13 | 2,000 | 194,000 |
| 14 | 2,000 | 196,000 |
| 15 | 2,000 | 198,000 |
| 16 | 2,000 | 200,000 |
| 17 | 2,000 | 202,000 |
| 18 | 2,000 | 204,000 |
| 19 | 2,000 | 206,000 |
| 20 | 2,000 | 208,000 |
| 21 | 2,000 | 210,000 |
| 22 | 2,000 | 212,000 |
| 23 | 2,000 | 214,000 |
| 24 | 2,000 | 216,000 |
| 25 | 2,000 | 218,000 |
| 26 | 2,000 | 220,000 |
| 27 | 2,000 | 222,000 |
| 28 | 2,000 | 224,000 |
| 29 | 2,000 | 226,000 |
| 30 | 2,000 | 228,000 |
| 31 | 2,000 | 230,000 |
| 32 | 2,000 | 232,000 |
| 33 | 2,000 | 234,000 |
| 34 | 2,000 | 236,000 |
| 35 | 2,000 | 238,000 |
| 36 | 2,000 | 240,000 |
| 37 | 2,000 | 242,000 |
| 38 | 2,000 | 244,000 |
| 39 | 2,000 | 246,000 |
| 40 | 2,000 | 248,000 |

【例2】

| 号俸 | 昇給ピッチ | 賃金額（円） |
|---|---|---|
| 1 | | 170,000 |
| 2 | 3,000 | 173,000 |
| 3 | 3,000 | 176,000 |
| 4 | 3,000 | 179,000 |
| 5 | 3,000 | 182,000 |
| 6 | 3,000 | 185,000 |
| 7 | 3,000 | 188,000 |
| 8 | 3,000 | 191,000 |
| 9 | 3,000 | 194,000 |
| 10 | 3,000 | 197,000 |
| 11 | 2,500 | 199,500 |
| 12 | 2,500 | 202,000 |
| 13 | 2,500 | 204,500 |
| 14 | 2,500 | 207,000 |
| 15 | 2,500 | 209,500 |
| 16 | 2,500 | 212,000 |
| 17 | 2,500 | 214,500 |
| 18 | 2,500 | 217,000 |
| 19 | 2,500 | 219,500 |
| 20 | 2,500 | 222,000 |
| 21 | 2,000 | 224,000 |
| 22 | 2,000 | 226,000 |
| 23 | 2,000 | 228,000 |
| 24 | 2,000 | 230,000 |
| 25 | 2,000 | 232,000 |
| 26 | 2,000 | 234,000 |
| 27 | 2,000 | 236,000 |
| 28 | 2,000 | 238,000 |
| 29 | 2,000 | 240,000 |
| 30 | 2,000 | 242,000 |
| 31 | 1,500 | 243,500 |
| 32 | 1,500 | 245,000 |
| 33 | 1,500 | 246,500 |
| 34 | 1,500 | 248,000 |
| 35 | 1,500 | 249,500 |
| 36 | 1,500 | 251,000 |
| 37 | 1,500 | 252,500 |
| 38 | 1,500 | 254,000 |
| 39 | 1,500 | 255,500 |
| 40 | 1,500 | 257,000 |

### ・昇給予定表方式

賃金表を用いずに、賃金表を使うのと同じような効果を求める方式です。対象となる職種や等級ごとに、下限・上限金額のみ設定します。そして、その範囲において評価に対応してあらかじめ決められた昇給額を加えていく、というものです。この場合も、賃金額が上限に達した場合は、それ以上の昇給はありません。現状、賃金額がバラバラでそのままの状態で新しい賃金制度に移行しようとする場合は、柔軟に対応できます。

また、昇給予定表方式の場合、基本給の下限・上限のレンジにおける位置率という概念を使えば、下限・上限を変更した後の基本給レンジにおいて同位置に移行することで、就業規則・賃金規程変更による基本給額変更は技術的に可能です。

**図表6-12**は、ドライバー職種の昇給予定表の例です。

**図表6-12** 昇給予定表の例

| 評価 | A | B | C |
|---|---|---|---|
| 昇給額 | 2,500 円 | 1,500 円 | 500 円 |

## (5) 賞与支給方式等

### ① トラックドライバーの賞与事情

トラック運送業でドライバー職に賞与を支給していないケースは、めずらしくありません。また、支給している場合でも明らかに他職種に比べ少額といえます。これも、募集時に月例賃金額を少しでも大きくしたいという事情によるものと考えられます。

ちなみに、令和2年賃金構造基本統計調査（賃金センサス）における年間賞与額の統計数字は、右のとおりです（男女計）。

| 職　種 | 企業規模（常用労働者数） | | | |
|---|---|---|---|---|
| | 10人以上 | 1,000人以上 | 100〜999人 | 10〜99人 |
| 営業用大型貨物自動車運転者 | 368.8 | 635.7 | 441.1 | 258.1 |
| 営業用貨物自動車運転者（大型を除く） | 383.2 | 693.5 | 258.0 | 221.1 |

　賞与を支給する場合には、日常業務における評価をもとに支給額の査定を行うことがありますが、その評価項目や評価期間などをあらかじめドライバーに周知しておくことで、どのような行動をとってもらいたいかを伝えることができます。

## ②　日頃の勤務評価を賞与に反映させる場合の設定方法

　オール歩合給制においては、一般的に賞与の支給は予定されていないか、支給していても寸志程度のことが多いと思われますが、オール歩合給制だからこそ有効に活用できる賞与の機能も存在します。

　例えば、月例賃金は成果100パーセントの歩合給制で行い、年2回の賞与では成果はまったく無関係として日頃の勤務態度のみが反映されるなどという割り切った運用法です。現実的には賞与に大きな原資を割り当てることは難しいでしょうが、月例賃金と年2回の賞与の機能を明確に分けることで、成果と勤務態度という異なる軸をそれぞれ機能させ、人材マネジメントの強化に資するというものです。ただし、その実効性は評価が適切に行われるかどうかにかかっています。

　トラックドライバーの評価項目はなるべくシンプルに、必要最小限の項目に絞って設定するのが実践的な方法です。設定例は**図表6-13**のとおりです。

**図表6-13** 評価項目の設定例

| 項　目 | 内　容 |
|---|---|
| 1．挨拶・言葉遣い | ・社内、顧客先において元気で明るい挨拶ができたか<br>・言葉遣いは丁寧だったか |
| 2．身だしなみ | ・不快感を与えないため身だしなみを整えられていたか<br>・制服・ヘルメットなどを規定どおり着用していたか |
| 3．安全運行・エコドライブ | ・交通ルールやマナーを守れたか<br>・エコドライブを実践できたか<br>・待機時にエンジンを止めたか<br>・停車時に輪留めをしたか |
| 4．体調管理 | ・体調管理を万全にしていたか<br>・酒気を帯びていなかったか |
| 5．荷扱い | ・荷物を丁寧に扱ったか<br>・発・着荷主の指示事項を確実に守ったか |
| 6．車両 | ・洗車・整理整頓により、車内外および荷台を常に清潔にしていたか<br>・純正以外の部品を装着していないか |
| 7．報連相 | ・事故、延着等緊急時の報告・連絡が実践できたか<br>・乗務日報は期日までに提出できたか |

### ③　賞与支給の計算式等

　賞与支給のルールを有する会社では、一般的に次のような計算式で支払額を決定します。

**賞与額＝①算定基礎額×②支給係数×③評価係数×④出勤率**

　①～④は、それぞれ次の計算式で算出します。

①　算定基礎額＝基本給＋役割手当
②　支給係数：業績を勘案してその都度決定する。
③　評価係数：評価結果（評語）と評価係数の例

| 評語 | A | B | C |
|------|-----|------|-----|
| 評価係数 | 1.2 | 1.00 | 0.8 |

④ 出勤率＝出勤日数÷対象期間の所定労働日数

④の出勤日数には、年次有給休暇、特別休暇（有給扱いのもの）、公民権行使のため会社が認めた休暇以外の休暇・休業は出勤日数に含めません。

また、各支給月および評価対象期間は、次のように設定します。

**〈対象期間の例〉**

| 賞与支給月 | 評価対象期間 |
|------------|--------------|
| 夏期賞与　7月 | 前年10月1日から当年3月31日 |
| 冬期賞与　12月 | 当年4月1日から当年9月30日 |

## フェーズ3

# 新賃金制度を実現可能なかたちで現実に落とし込む

　**フェーズ3**は、**フェーズ2**までに設計した賃金制度を検証したうえで最終的に決定し、それを実現可能なかたちで実行に移していくプロセスです。

| フェーズ3　新賃金制度を実行可能な形で現実に落とし込む | |
|---|---|
| ステップ<br>8 | **新賃金制度シミュレーション**<br>①従業員ごと仮定した賃金項目に金額を当てはめる<br>②金額の妥当性、全体バランス等を確認し、修正が必要な場合、設定金額等を変更する |
| ステップ<br>9 | **新賃金制度の最終決定**<br>①課題が解決されたか、制約条件に抵触しないか、実現すべき状態は達成されたかを確認する<br>②支給ルールの再確認と規定化 |
| ステップ<br>10 | **激変緩和措置と合意プロセスの設計**<br>①激変緩和措置の必要性、方式・必要年数の検討<br>②説明会、個別面談等のスケジュール策定<br>③実施説明文書、個別通知書・同意書等の作成 |

## （1）　従業員ごとに仮決定した賃金項目に金額をあてはめる

### ①　シミュレーションの手順

　構築した新賃金体系が、目指した内容になっているか、また制度の内容が適切かどうか、検証を行っていきます。シミュレーションは、表計算ソフトを使って行います。

　まず、**フェーズ1**で実態把握のために作成した賃金支給一覧シート（157ページ**図表6-2参照**）の右側に新賃金制度の欄を設け、**フェーズ2**までの検討の結果設定することになった賃金項目の列を作成します。歩合給の列もそこに盛り込み、フォーマットを作ります。

　そして、仮決定した基本給、歩合給、各種手当、割増賃金を、新賃金体系のフォーマットに入力（次ページ**図表6-14**はオール歩合給が適用される職種Eのシミュレーションのため基本給、主任手当、特別手当、食事手当の設定はありません）し、歩合給の対象となる指標の数値や現状確認で把握した時間外労働時間数をあてはめ、賃金総額を確認していきます。**図表6-14**は、入力を行ったフォーマット例です。

### ②　シミュレーションの範囲

　季節変動が激しい業務の場合は、歩合制のみならず固定給制の場合でも割増賃金額に影響するので、12カ月分のデータを用いてシミュレーションを行う必要があります。季節変動がそれ程大きくない場合は、繁忙期と通常期、閑散期の3つの月の検証で済ませる方法もあります。

**図表6-14　シミュレーション用フォーマット**

|  |  |  |  |  |  |  |  |  | 新売上歩率 | 30% |  |
| --- | --- | --- | --- | --- | --- | --- | --- | --- | --- | --- | --- |

| 年齢・勤続基準日 | R4.1.1 | | | | | 新賃金体系 | | | | | |
| --- | --- | --- | --- | --- | --- | --- | --- | --- | --- | --- | --- |
| 月平均所定労働時間 | 170 | | | | | 月例賃金 | | | | | |
| 氏名 | 年齢 | 勤続年数 | 時間外労働時間数 | 深夜労働時間数 | 売上金額 | 基本給 | 主任手当 | 特別手当 | 食事手当 | 歩合給 | 通勤手当 | 所定内賃金 |
| ドライバーA | 51 | 26 | 95.0 | 38.0 | 1,208,200 | 0 | 0 | 0 | 0 | 362,460 | 10,000 | 372,460 |
| ドライバーB | 58 | 26 | 90.0 | 36.0 | 1,179,100 | 0 | 0 | 0 | 0 | 353,730 | 4,000 | 357,730 |
| ドライバーC | 57 | 23 | 103.0 | 41.0 | 1,022,800 | 0 | 0 | 0 | 0 | 306,840 | 13,000 | 319,840 |
| ドライバーD | 57 | 12 | 72.5 | 29.0 | 1,010,700 | 0 | 0 | 0 | 0 | 303,210 | 13,000 | 316,210 |
| ドライバーE | 38 | 4 | 70.5 | 28.0 | 1,331,300 | 0 | 0 | 0 | 0 | 399,390 | 5,000 | 404,390 |
| ドライバーF | 44 | 20 | 92.0 | 37.0 | 1,025,000 | 0 | 0 | 0 | 0 | 307,500 | 15,000 | 322,500 |
| ドライバーG | 42 | 11 | 90.5 | 36.0 | 1,267,000 | 0 | 0 | 0 | 0 | 380,100 | 2,000 | 382,100 |
| ドライバーH | 33 | 1 | 71.5 | 29.0 | 980,500 | 0 | 0 | 0 | 0 | 294,150 | 6,000 | 300,150 |
| ドライバーI | 41 | 11 | 73.5 | 29.0 | 1,181,300 | 0 | 0 | 0 | 0 | 354,390 | 14,000 | 368,390 |
| ドライバーJ | 39 | 13 | 72.0 | 29.0 | 903,800 | 0 | 0 | 0 | 0 | 271,140 | 15,000 | 286,140 |
| 合計 | | | 830.5 | 332.0 | 11,109,700 | 0 | 0 | 0 | 0 | 3,332,910 | 97,000 | 3,429,910 |
| 平均 | 46 | 15 | 83.1 | 33.2 | 1,110,970 | 0 | 0 | 0 | 0 | 333,291 | 9,700 | 342,991 |

　原則としてドライバー全員分のシミュレーションを行いますが、職種別の母集団からの抽出で賃金設計を行っている場合は、試算の対象をその範囲とする場合もあります。

　なお、ここで示した事例は、旧制度において固定給＋歩合給の賃金パターンで、歩合給を割増賃金として支払っていたことにより多額の未払い割増賃金が発生していたケース（157ページ）の改革事例です。

## （2）　金額の妥当性、全体バランス等を確認し、修正が必要な場合、設定金額等を変更する

### ①　どこを確認すればよいか

　シミュレーションにおける最も重要なポイントは、職種ごとに狙いとする賃金水準（ターゲット年収）が実現しているかの検証です。実現できていない場合は、賃金項目の金額設定を変更する必要が生じます。

| 新賃金体系 | | | | | | 月合計新旧差 | 年間支給額新旧差 | 時間単価（最賃確認） |
| 月例賃金 | | | | 年間賞与計 | 年間支給額合計 | | | |
| 時間外手当 | 深夜手当 | 割増賃金計 | 月合計 | | | | | |
|---|---|---|---|---|---|---|---|---|
| 32,485 | 12,994 | 45,479 | 417,939 | 100,000 | 5,115,268 | −1,401 | 73,188 | 1,368 |
| 30,611 | 12,245 | 42,856 | 400,586 | 100,000 | 4,907,032 | 766 | 29,192 | 1,361 |
| 28,942 | 11,521 | 40,463 | 360,303 | 100,000 | 4,423,636 | −17,257 | −187,084 | 1,124 |
| 22,663 | 9,065 | 31,728 | 347,938 | 100,000 | 4,275,256 | 12,905 | 174,860 | 1,250 |
| 29,269 | 11,625 | 40,894 | 445,284 | 100,000 | 5,443,408 | 47,237 | 546,844 | 1,661 |
| 26,994 | 10,856 | 37,850 | 360,350 | 100,000 | 4,424,200 | −13,950 | −162,400 | 1,174 |
| 33,013 | 13,132 | 46,145 | 428,245 | 100,000 | 5,238,940 | 33,415 | 420,980 | 1,459 |
| 21,772 | 8,831 | 30,603 | 330,753 | 100,000 | 4,069,036 | 4,763 | 77,156 | 1,218 |
| 26,743 | 10,552 | 37,295 | 405,685 | 100,000 | 4,968,220 | 23,525 | 317,300 | 1,455 |
| 20,167 | 8,123 | 28,290 | 314,430 | 100,000 | 3,873,160 | −15,230 | −147,760 | 1,120 |
| 272,659 | 108,944 | 381,603 | 3,811,513 | 1,000,000 | 46,738,156 | 74,773 | 1,142,276 | |
| 27,266 | 10,894 | 38,160 | 381,151 | 100,000 | 4,673,816 | 7,477 | 114,228 | 1,319 |

　また、制度変更後に想定される時間外労働時間数を前提とした割増賃金額の確認を行っていくことも、重要なポイントです。当然、深夜割増分も考慮に入れる必要がありますが、時間外労働の一定割合（例：30％）が深夜労働に該当するという前提でシミュレーションを行うのが現実的です。

## ②　問題が見つかった場合の対応

　シミュレーションの結果、割増賃金の額が大きくなり過ぎてしまう場合、歩合給が設定されている職種では、固定的賃金と歩合給のバランスを変えることである程度の調整は可能です。歩合給の割合を高くして調整するのですが、時間外労働時間数が長過ぎる場合、オール歩合給制としなければ調整できない可能性もあります。

　賃金制度を変更した場合、個別賃金をみれば有利・不利が生じます。増える人もいれば減る人も出てきますし、業務の繁閑によって増える月、減る月もあります。そうした際に、2つの視点が必要になります。

それは、個人に着目する視点と全体としてどうなるかの視点です。個々にみれば不利益が生じていても、全体としての合理性が確保されていればやむを得ないとする判断もあり得ます。第一小型ハイヤー事件（最高裁平成4年7月13日判決。第2章**V**（76ページ）参照）では、ドライバー全体として新制度による賃金額が旧制度を下回らないこと、またそれが制度変更後の労働強化によるものでなく労働者に不測の損害を被らせるものでないことを確認して、就業規則変更の合理性を否定した原判決を破棄・差し戻しました。

ただし、変更後の個別の賃金があまりにも低額になることは避けなければなりません。大阪京阪タクシー事件（大阪地裁判決平成22年2月3日）では、「新・旧体系による不利益の度合いが各月でみて20％を超える部分が、合理性に欠ける」という判断が示されました。つまり、代償措置が講じられていることや多数組合の合意があることから、変更後の規程自体に合理性はあるが、減額の度合いが20％を超える部分に合理性はないと判断したのです。個別にみて20％を超えるような不利益がある場合、見直しが必要になる可能性があります。

## ステップ9 新賃金制度の最終決定を行う

### （1） 課題は解決されたか、制約条件に抵触しないか、実現すべき状態は達成されたかを確認する

新たな賃金制度の最終決定をする前に、当初理想として描いた姿と組み上げた賃金制度が合致しているか、確認する必要があります。

ドライバーの生活の基盤をなす賃金制度であるため、内容を頻繁に変更するようなことは避けるべきです。制度導入後、基本構造は一定の安定性を確保しなければならないので、賃金制度設計の当初に確認した課題の解決や目的の達成ができているか、また制約条件をクリアできているか、最終決定の前に再確認しておく必要があります。

賃金制度改革では**ステップ10**で述べる激変緩和措置を設定する

ケースが多く、そのためのコストを含めて全体として支払金額が増加しがちです。こうした人件費増が、経営的に許容範囲内であるかどうかを確認しなければなりません。

スケジュール的な問題もあります。賃金制度改革は、導入における手続きも非常に重要であり、ドライバー全員への説明や質問の受付、通知書の交付、同意書の取得、就業規則・賃金規程の変更手続など、少なくとも3カ月程度は必要と考えられます。このプロセスをおろそかにすると、新制度が導入に支障が生じる可能性すらあるため、スケジュールの問題を軽視すべきではありません。新賃金制度が、これらの制約条件に接触しないかを確認していきます。

## (2)　支給ルールを再確認し、規定化する

新賃金制度の内容を確定させたら、歩合給制度を含めてすべての支給ルールを再確認し、それらを就業規則・賃金規程に落とし込んでいく必要があります。

前述のとおり、歩合給の支給ルールは直接就業規則・賃金規程には書かれずに内部資料等で管理されることが多いのですが、新たな賃金支給ルールの適法性を明確にするために、そして将来起こり得るルールの変更に対処しやすくするためにも、直接就業規則・賃金規程に定め、法的なルールに則った変更手続を行う必要があります。

## ステップ10　激変緩和措置と合意プロセスの設計を行う

## (1)　差額補てんの要否と期間を検討する

賃金制度を変更すると、仮に賃金総額の削減が目的でない場合でも、個人の各月の賃金が減少することはめずらしくありません。

そのため、新賃金制度を一気に導入するのはドライバーにとって非常にダメージが大きくなるおそれがあります。不利益変更の幅が大き

い場合には、激変緩和措置を導入することが望ましく、その有無は制度変更の合理性の判断にも影響します。

　手当額の引下げなどの単純な不利益変更であれば、引下げ幅を段階的に適用していくというシンプルな方法が採用できますが、歩合給制の導入や歩合給の構造自体を変更するケースでは、新旧比較で増える月と減る月が出てきます。割増賃金を適正に支払っていなかった状況を改善するために固定給を減額したケースでも、旧賃金制度と比較すると割増賃金を含めた月例賃金額が減る月もあれば増える月もあるといった変化が生じます。

## ①　基準は旧賃金制度による計算額の一定割合

　いずれの場合も、激変緩和措置としては、旧制度による賃金額と新制度による賃金額を比較して、何らかの基準を決めてその金額に至るまで差額を補てんするという方法が考えられます。不利益変更の合理性判断は、旧制度に対してどれだけ不利益になったかも問題となるため、基準としては、旧制度による計算額の一定割合というのが常識的な判断になります。

　さて、問題は新旧比較を行うための事務負担で、これはかなり大きいです。旧賃金制度の方式と新賃金制度の方式の2通りの賃金計算をして、その結果を比較しなければならないからです。しかし、これは新賃金制度導入をスムーズに行うために必要な作業なので、労を惜しむべきではありません。

## ②　望ましい設定期間は3年

　差額を補てんする期間を何年間と設定するかを検討します。引下げ幅の程度、引下げ対象者の割合、補てんに要するコストアップが経営的にどこまで許容できるのかなどが、考慮すべきポイントです。

　通常1年間が最短で、かつては賃金請求権の消滅時効期間である2年間が一般的でした（長いケースで3年間）。令和2年4月からは消滅時効期間が3年に延長されたので、今後は、新制度導入から3年間が標準的な設定期間になると考えられます。

ただし、補てん率は期間の経過とともに引き下げていくことが一般的で、最後は新制度をそのまま適用して経過措置は終了します。

## (2)　差額補てんのやり方を検討する

### ①　どのようなやり方で補てんを行うか

　差額を補てんする方法には、各月の利益の限度水準を決める単月精算方式と、年収ベースで不利益の限度水準を決める累積精算方式の2つがあります。3カ月単位で新旧比較して補てんを行っていく累積精算方式もあり、この方法は第2章Ⅳ（72ページ）で解説しています。

　いずれのやり方も、旧制度による賃金額と新制度による賃金額の両方を計算し、それを比較することが前提となっています。

### ②　単月精算方式

　毎月、旧制度による賃金額の一定割合（1年目100％、2年目90％など）と新制度による賃金額を比較し、新制度のほうが低ければ旧制度の賃金額の一定割合まで、調整手当を支給して補てんするやり方です。新賃金制度の計算のほうが高い場合は、そのまま新制度の金額を支給します。

### ③　累積精算方式

　旧制度による賃金の累計額の一定割合と新制度による賃金の累計額＋前月までの補てん額の累計額を合算した額を比較する方式です。各月において、旧制度による賃金累計額の一定割合（1年目100％、2年目90％など）と新制度による賃金累計額と前月までの補てん額（調整手当）の累計額を合計したものを比較し、後者のほうが低ければ、下回る分を調整手当として支給し補てんします。

　これは、年収ベースの比較を各月において実行するという意味合いになります。

## ④ 単月精算方式と累積精算方式の比較

216ページの**図表6-15**は、差額補てんのやり方によって賃金支給総額がどう変わるかを計算した例です。もともと歩合給制で運用されていた賃金制度の歩合給体系を変更しており、月によって新賃金のほうが高い月もあれば低い月もありますが、賃金額の年間累計でみると、新制度の累計が372万円であるのに対して旧制度の累計が423万円ですから、不利益変更となっています。

なお、この計算例の設定では1年目も2年目も各月の歩合給はまったく同じ金額としており、差額補てんは単月精算方式、累積精算方式ともに1年目は旧制度による賃金額の100%、2年目は90%まで行うこととしています。この補てん率をどう設定するかは各社の考え方によりますが、1年目に行う100%の保障は、制度変更時の抵抗感を減少させる効果が大きいものです。

### ・単月精算方式の場合

1年目は、旧制度累計423万円よりも新制度累計＋補てん額累計の446万円のほうが大きくなっています。2年目は90%までの補てんとなるため、新制度累計＋補てん額累計は414万1,000円と1年目より下がりますが、それでも新制度累計の372万円を上回っています。

### ・累積精算方式の場合

累積精算方式の1年目も旧制度累計の100%が保障され423万円となります。2年目は90%保障となるため、新制度累計＋補てん額累計は387万円となります。

2つのやり方を比較すると、累積精算方式では、結果的に旧制度に設定した保障割合が年収ベースで確保されます。言い方を変えると、保障の限度額を年収ベースで設定できるので、経営者にとっては合理的な仕組みであるといえます。

第6章 オール歩合給制度

仮に現状の賃金制度で仕組みとして割増賃金未払いが発生している
としたら、新賃金制度では未払いが生じない体系に移行しなければな
りません。そのようなケースにおいては、未払い割増賃金を発生させ
ない新制度に着実に移行するため、賃金請求権が残る3年間におい
て、累積精算方式による差額補てんを行い、かつ旧賃金の100％を保
障する方式を採用するのも有力な方法です。

## ⑤　調整手当の取扱い

　調整手当は、激変緩和措置として、単月精算方式、累積精算方式、
3カ月精算方式などによって算定した旧制度との差額補てんのために
支給されるものですが、これは割増賃金の基礎となる賃金に算定しな
いでよいのでしょうか。

　労基法37条5項、労基則21条により、割増賃金の基礎となる賃金
に算入しなくてよいものとして、家族手当、通勤手当、別居手当、子
女教育手当、住宅手当、臨時に支払われた賃金、1カ月を超える期間
ごとに支払われる賃金が限定列挙されています。

　調整手当は、上記のうち「臨時に支払われる賃金」に位置付けられ
るので、割増賃金の基礎に算入しなくてよいというのが厚生労働省の
見解です。したがって、調整手当の額を計算した後、改めて割増賃金
の計算をし直す必要はありません。

## 図表6-15 単月精算方式と累積精算方式の計算例

**単月精算方式**

1年目の補てん率 100%

(単位：千円)

|  |  | 1月 | 2月 | 3月 | 4月 | 5月 | 6月 |
|---|---|---|---|---|---|---|---|
| 旧制度 |  | 300 | 250 | 300 | 400 | 330 | 350 |
| 旧制度×補てん率 | 100% | 300 | 250 | 300 | 400 | 330 | 350 |
| 新制度 |  | 250 | 300 | 280 | 250 | 300 | 300 |
| 補てん額 |  | 50 | 0 | 20 | 150 | 30 | 50 |

|  |  | 7月 | 8月 | 9月 | 10月 | 11月 | 12月 | 合計 |
|---|---|---|---|---|---|---|---|---|
| 旧制度 |  | 370 | 300 | 360 | 350 | 420 | 500 | 4,230 |
| 旧制度×補てん率 | 100% | 370 | 300 | 360 | 350 | 420 | 500 | 4,230 |
| 新制度 |  | 320 | 400 | 440 | 300 | 300 | 280 | 3,720 |
| 補てん額 |  | 50 | 0 | 0 | 50 | 120 | 220 | 740 |

旧制度累計 4,230
新制度累計＋補てん額累計 4,460
差額 230

2年目の補てん率 90%

(単位：千円)

|  |  | 1月 | 2月 | 3月 | 4月 | 5月 | 6月 |
|---|---|---|---|---|---|---|---|
| 旧制度 |  | 300 | 250 | 300 | 400 | 330 | 350 |
| 旧制度×補てん率 | 90% | 270 | 225 | 270 | 360 | 297 | 315 |
| 新制度 |  | 250 | 300 | 280 | 250 | 300 | 300 |
| 補てん額 |  | 20 | 0 | 0 | 110 | 0 | 15 |

|  |  | 7月 | 8月 | 9月 | 10月 | 11月 | 12月 | 合計 |
|---|---|---|---|---|---|---|---|---|
| 旧制度 |  | 370 | 300 | 360 | 350 | 420 | 500 | 4,230 |
| 旧制度×補てん率 | 90% | 333 | 270 | 324 | 315 | 378 | 450 | 3,807 |
| 新制度 |  | 320 | 400 | 440 | 300 | 300 | 280 | 3,720 |
| 補てん額 |  | 13 | 0 | 0 | 15 | 78 | 170 | 421 |

旧制度累計 4,230
新制度累計＋補てん額累計 4,141
差額 ▲ 89

## 累積精算方式

1年目の補てん率 100%

(単位：千円)

| | 1月 | 2月 | 3月 | 4月 | 5月 | 6月 |
|---|---|---|---|---|---|---|
| 旧制度 | 300 | 250 | 300 | 400 | 330 | 350 |
| 旧制度累計 | 300 | 550 | 850 | 1,250 | 1,580 | 1,930 |
| A 旧制度累計×補てん率 100% | 300 | 550 | 850 | 1,250 | 1,580 | 1,930 |
| 新制度 | 250 | 300 | 280 | 250 | 300 | 300 |
| 新制度累計 | 250 | 550 | 830 | 1,080 | 1,380 | 1,680 |
| B 補てん額 (B=A−C) | 50 | 0 | 0 | 120 | 30 | 50 |
| 補てん額累計 | 50 | 50 | 50 | 170 | 200 | 250 |
| C 新制度累計＋前月までの補てん額累計 | 250 | 600 | 880 | 1,130 | 1,550 | 1,880 |

| | 7月 | 8月 | 9月 | 10月 | 11月 | 12月 | 合計 |
|---|---|---|---|---|---|---|---|
| 旧制度 | 370 | 300 | 360 | 350 | 420 | 500 | 4,230 |
| 旧制度累計 | 2,300 | 2,600 | 2,960 | 3,310 | 3,730 | 4,230 | |
| A 旧制度累計×補てん率 100% | 2,300 | 2,600 | 2,960 | 3,310 | 3,730 | 4,230 | |
| 新制度 | 320 | 400 | 440 | 300 | 300 | 280 | 3,720 |
| 新制度累計 | 2,000 | 2,400 | 2,840 | 3,140 | 3,440 | 3,720 | |
| B 補てん額 (B=A−C) | 50 | 0 | 0 | 0 | 0 | 210 | 510 |
| 補てん額累計 | 300 | 300 | 300 | 300 | 300 | 510 | |
| C 新制度累計＋前月までの補てん額累計 | 2,250 | 2,700 | 3,140 | 3,440 | 3,740 | 4,020 | |

旧制度累計 　　　　　　　　　　　4,230
新制度累計額＋補てん額累計 　　　4,230
差額 　　　　　　　　　　　　　　　　0

2年目の補てん率 90%

(単位：千円)

| | 1月 | 2月 | 3月 | 4月 | 5月 | 6月 |
|---|---|---|---|---|---|---|
| 旧制度 | 300 | 250 | 300 | 400 | 330 | 350 |
| 旧制度累計 | 300 | 550 | 850 | 1,250 | 1,580 | 1,930 |
| A 旧制度累計×補てん率　90% | 270 | 495 | 765 | 1,125 | 1,422 | 1,737 |
| 新制度 | 250 | 300 | 280 | 250 | 300 | 300 |
| 新制度累計 | 250 | 550 | 830 | 1,080 | 1,380 | 1,680 |
| B 補てん額　（B＝A－C） | 20 | 0 | 0 | 25 | 0 | 12 |
| 補てん額累計 | 20 | 20 | 20 | 45 | 45 | 57 |
| C 新制度累計＋<br>前月までの補てん額累計 | 250 | 570 | 850 | 1,100 | 1,425 | 1,725 |

| | 7月 | 8月 | 9月 | 10月 | 11月 | 12月 | 合計 |
|---|---|---|---|---|---|---|---|
| 旧制度 | 370 | 300 | 360 | 350 | 420 | 500 | 4,230 |
| 旧制度累計 | 2,300 | 2,600 | 2,960 | 3,310 | 3,730 | 4,230 | |
| A 旧制度累計×補てん率　90% | 2,070 | 2,340 | 2,664 | 2,979 | 3,357 | 3,807 | |
| 新制度 | 320 | 400 | 440 | 300 | 300 | 280 | 3,720 |
| 新制度累計 | 2,000 | 2,400 | 2,840 | 3,140 | 3,440 | 3,720 | |
| B 補てん額　（B＝A－C） | 13 | 0 | 0 | 0 | 0 | 17 | 87 |
| 補てん額累計 | 70 | 70 | 70 | 70 | 70 | 87 | |
| C 新制度累計＋<br>前月までの補てん額累計 | 2,057 | 2,470 | 2,910 | 3,210 | 3,510 | 3,790 | |

旧賃金累計　　　　　　　　　　　　4,230
新賃金累計額＋補てん額累計　　　　3,807
差額　　　　　　　　　　　　　　　▲423

累積精算方式では、網掛け部分AとCを比較して、A＞Cとなった月にその差額を補て
んします。その作業を繰り返します。


## （3）　同意を得るためのプロセスを設計する

　新賃金制度を実際に導入するにあたって労働者の同意を得るため、
以下のプロセスが必要です。

---

①　説明会（説明文書の作成）

②　質問の受付

③　個別面談（新制度による賃金内容の通知書の作成）、同意書の取得

④　就業規則・賃金規程の改定（届出と周知）

⑤　その他

---

## ① 説明会の実施（資料の作成）

説明会の実施は法的に必須とされるものではありませんが、行うことを強くお勧めします。トラック運送業では定期的にドライバーを集め、安全会議や安全運転教育などの会議を行うことがあるため、それに合わせて実施する方法もあります。

説明会では、賃金制度の変更点だけでなく、新旧対比やモデルケースにおける支給額などを示して、わかりやすく丁寧に説明することが必要です。変更内容に加え、なぜ変更するのか、どのような必要性があるのかも理解してもらわなければなりません。必要性とは改革の大義名分でもあり、この正当性が賃金制度改革の鍵を握ります。

説明会の資料は、わかりやすく作成する必要があります。説明会を複数回行う場合もすべてのドライバーに対して同じ資料を用い、可能な限り同じ内容で説明を行うべきです。

資料を配付するだけで説明がなかったり、口頭で説明するだけで資料がなかったりすると、情報の偏りや変異が発生し、ドライバーの間で疑心暗鬼が広がる可能性があります。賃金制度変更に関してただでさえ不安を抱いているドライバーをさらに不安にさせるおそれがあり、不安が不信感や仕事への熱意の減少、さらには離職につながるなど悪影響を起こしかねません。

個別賃金がどのように変わるかの説明は、説明会の後に開催する個人面談において行います。

## ② 質問の受付

説明会の場で質問を受け付けるのは当然ですが、説明会以後も疑問に思う点は遠慮なく質問するよう伝えます。人は、わからないこと、理解できないことに不安を抱くため、質問には真摯に対応し、できるだけ新制度を理解し安心してもらえるように努めなければなりません。

ドライバーは、変更の内容はもちろん、経営者、管理者が疑問にどのように答えようとしているかの姿勢も、厳しく見ています。

### ③　個別面談の実施、同意書の取得

説明会資料とは別に、個人別の通知書を作成し、個々のドライバーの賃金がどのようになるのか、個別面談の機会を設けて説明を行います。説明会から時間を空けずに、説明会の内容を忘れてしまわないタイミングで順次面談を行っていきます。

歩合制は固定給制よりもはるかにわかりにくいので、歩合計算は具体例も用意して数字で説明することで理解がより深まります。また、新賃金制度の内容だけでなく、新旧賃金を対比するかたちで通知書をつくることが望ましいです。

個別賃金変更についての同意は、単に金額変更についての同意に留まらず、「新賃金規程に基づいて変更されることに同意」してもらうことが望ましいと考えられます。その意味は、就業条件等が変わり手当等の支給要件が変更になった場合に、新賃金規程に基づいて支給金額が変わることをあらかじめ担保しておくためです。

通知書と合わせて作成する同意書は、なるべく全員から取得できるよう、説明を尽くす必要があります。なお、同意書を提出しないドライバーに対しても新賃金制度を適用せざるを得ません。同意しないからといって旧制度のままとすれば、変更の大義名分も失われてしまうからです。

なお、様式については、通知書・同意書ではなく雇用契約書を作成してそれに署名してもらうのでも構いませんが、契約書は相互に取り交わすという手順が必要で、多人数の場合は事務的な負荷が大きいので、通知書・同意書スタイルをお勧めします（作成例は第2章Ⅰ 62ページ参照）。

### ④　就業規則・賃金規程の改定（届出と周知）

新賃金制度を就業規則・賃金規程に落とし込み、従業員代表に説明

を行い、意見書を取得して就業規則変更届とともに所轄労働基準監督署へ届出を行う必要があります。

　この従業員代表の選出は重要なポイントで、このプロセスをきちんと行わなければ就業規則・賃金規程の変更手続に不備があったとして、変更の効力さえ無効になりかねません。

　現実的な選出方法としては、トラック運送業では、ドライバーが一堂に会するのは難しい場合が多いので、「従業員代表選出様式」などを用い、点呼の際に説明するなどして信任の手続きを行うのも一策です。

　また、適切に周知されていることも必要です。休憩室等でドライバーがいつでも見られる状態にしておくことが最も簡便な方法ですが、印刷したものを配付して、受取りの確認を得ておくことが最も確実な方法です。

　就業規則・賃金規程の届出、周知の手続きは非常に重要ですので、確実に行ってください。

## ⑤　その他

　労働組合が存在する場合は労働組合にも説明し、一定の理解を得ることが必要となります。賃金制度という最も重要な労働条件の変更となるため、当然、団体交渉を求められることになるでしょう。交渉は複数回に及ぶことが予想されます。

　そのため、賃金制度変更プロセスに要する期間は、少なくとも3カ月程度余裕を持って期間を設定しておく必要があります。

第6章　オール歩合給制度

第7章

---

# 経営者・管理者に求められる姿勢

# I

# プロフェッショナルとして
# リスペクトする

　労働者は、経営者や管理者が自分たちに対してどのような認識を
持っているかという、経営者や管理者の姿勢をとても敏感に感じ取り
ます。

　オール歩合給制は、固定給制の職種に比べて賃金の変動リスクが大
きくなる以上、対象労働者の賃金を時間制の労働者に比べて高い水準
に設定する必要があります。つまりリスクに対する対価ということで
すが、経営者がプロに対するリスペクトという基本姿勢を持っていな
ければ、不安定だけれど高めの水準の賃金は、リスクへの対価という
意味合いにとどまってしまいます。一方、リスペクトの姿勢があれ
ば、その賃金水準はプロフェッショナル性に対する評価の意味合いを
帯びることになります。そしてそれは、仕事に対する動機付け要因と
なります。

　オール歩合給制の適用者は、その職業において十分な成果が出せる
ことが見込まれるプロフェッショナルです。本人もオール歩合給制で
働く以上、プロ意識は強く持っているはずです。経営者や管理者は、
オール歩合給適用者をプロフェッショナルとしてリスペクトするこ
と、これがオール歩合給制適用にあたって不可欠の要素になると考え
られます。

## I-1 賃金を動機付け要因としてモチベーション向上の道具として使おうと思っても、あまり有効に機能しない

　仕事への動機付けは、実は単純なものではありません。仕事に対す
る満足をもたらす要因（動機付け要因）と不満をもたらす要因（衛生

要因）は異なるとする考え方があります。

　満足に関わる動機付け要因は、「達成感」「承認されること」「仕事のやりがい」「仕事を通じての自己効力感」などで、これらが満たされると満足感を覚えます。しかし、欠けていても不満足を引き起こすわけではありません。

　それに対して、不満足に関わる衛生要因は、「管理方法」「作業環境」「対人関係」「賃金」などで、これらが不足すると不満足を引き起こします。しかし、満たしたからといって満足感につながるわけではありません。

　これは、アメリカの臨床心理学者フレデリック・ハーズバーグが50年以上前に提唱した「動機付け・衛生理論」の考え方ですが、この考え方に基づけば、賃金はまさに衛生要因で、それが世間並み以下の水準である場合には不満足が発生します。また、仕事をやってもやらなくても賃金が同じであったり、不公平感があったりすると、不満足が生じます。

　しかし、賃金を動機付け要因としてモチベーション向上の道具として使おうと思っても、あまり有効に機能しないのです。

　成果主義賃金制度が多くのケースで失敗に終わるというのは、この理由によります。オール歩合給制は究極の成果主義賃金制度ですが、公平感と納得性が得られるような仕組みが不満足を生まないために求められる一方で、それとは別に、動機付け要因が求められるのです。

## I-2　業績を認め賞賛するシステムがあれば、それを目指すモチベーションも生まれる

　生命保険業界には、プロフェッショナルとしての生命保険募集人が数多く存在します。その主力メンバーは、いわゆるフルコミッション制、つまりオール歩合給制で働くケースが多いようで、高い成果をあげた人材は高額の報酬を得ることになります。

　また、生命保険募集人の上位7％に入る成績優秀者を会社の枠を超

えて登録する、MDRT（Million Dollar Round Table）という会員制度があり、一般社団法人 MDRT 日本会のホームページによれば、登録会員数は世界 70 カ国で 6 万 5,000 名以上（日本においては、9,363名（2021 年 4 月 1 日現在））とのことです。MDRT の会員として登録できることは生命保険募集人にとって大きな誇りであり、登録社員については、会社が名刺にメンバーである旨の表示を印刷することなども行われています。

　つまり、生命保険業界では、高い実績に応じた報酬を受け取る一方で、1 年間の業績を認め賞賛する MDRT というシステムが別途構築されていて、それを目指すモチベーションも生まれるのです。

　ただし、このような確固としたシステムや人事評価制度などがないと仕事に対する動機付けがなされないわけではありません。経営者や管理者がオール歩合給制適用者をプロフェッショナルとしてリスペクトするという基本姿勢があれば、そこから生まれる発言や振る舞いが、動機付け要因として機能していく可能性があるのです。

　その基本姿勢には、次に述べる経営者、管理者自身がルールを守ること、説明と帳薄開示をきちんと行うことも含まれます。

# Ⅱ

# ルールを守り、秩序を保つ

## Ⅱ-1 労働者

　オール歩合給制を導入することにより、成果至上主義に陥って企業秩序が乱れることを心配する向きもあります。しかしそこに必然性はなく、どのような企業であっても、ルール違反や秩序を乱す行為が生まれることはあります。

　ただし、オール歩合給制によって、成果をあげることだけが正義であるという思い違いが生じることもあり得ますので、労働者のルール違反や非違行為に対しては、毅然として対応していかなければなりません。企業の理念や秩序を保つことは企業存立の根幹をなしますので、勘違いであればそれを正し、もしその姿勢が一向に変わらなければ、雇用契約の解除まで視野に入れて対処していく必要があります。

## Ⅱ-2 経営者・管理者

　一方で、経営者・管理者も同様にルールを守ることを要求されます。特に、労働関係諸法令を遵守することは、労働者にルールの遵守を求める前提として欠かせないことです。割増賃金未払いなどについては企業としても非常に気を使うところですが、意外と盲点になるのが労働時間制です。

　前述（第6章フェーズ1のステップ3）のとおりトラックドライバーに対して1年単位の変形労働時間制あるいは1カ月単位の変形労働時間制が適用されていることがめずらしくありません。その運用の

ルールとしては、通達（平成6年1月4日基発第1号）により2カ月前あるいは1カ月前までに勤務シフトを決めておく必要がありますが、運送業の場合、直前にならないと輸送計画が決まらないことがあり、しばしば直前で勤務シフトが変更されることが少なくないようです。

　しかし、こうした対応は変形労働時間制の適用にあたってはルール違反となります。もしこのような状況があるとしたら、やはり原則的な労働時間制を適用する必要があります。

　これは一例に過ぎませんが、やはり企業としては法令等のルールを遵守してこそ働き手に対して厳しい要求もできるものと考えられます。

# Ⅲ

# 説明と情報開示を行う姿勢を持つ

　歩合給制賃金では、歩合計算に関する計算式を通して賃金額が算出されます。固定給制に比べるとその内容を理解するのは容易ではありません。しかし、賃金制度という労働条件の根幹の仕組みが十分に理解されないままそれを適用するのは、労使双方にとって望ましいことではありません。

## Ⅲ-1　制度導入時、雇用契約締結時の説明

　まず、制度導入にあたっては説明を尽くす必要があります。その際の、説明会の開催、その後の質問の受付け、個別面談などについては、前述したとおり（第6章フェーズ3ステップ10参照）です。

　オール歩合給制の雇用契約を結ぶ際には、徹底した説明が必要になります。歩合給の具体的な計算方法や数字をあてはめてみたうえでの計算例、保障給の計算方法と支給例などを説明していきます。

　オール歩合給制を適用している運送会社では、雇用契約締結時のこうした説明を2時間以上かけて行っているケースもあります。

## Ⅲ-2　売上データなどの情報開示を行う

　実際の運用にあたっては、業務割当（運送業の場合は配車）に不公平が生じないよう留意することに加えて、歩合給計算に不信感が生じないような状態にしておくことが必要です。例えば、売上歩合の場合、歩合計算のもとになるのは顧客への売上そのものです。この数値

に誤りがあれば、歩合計算がまったく違うものになってしまいます。

そこで、希望するドライバーに対して顧客ごとの売上の元データ、つまり売上伝票などを開示するという方法があり、現にそのような対応を行っている運送会社もあります。また、日々の運行データについても、疑念が生じないように明確にしておく必要があります。経営者、管理者がそのような基本姿勢を保っていると、ドライバーの会社に対する信頼感は高まるに違いありません。

情報開示を含めて、経営者、管理者が説明責任を果たしていくことで、良好な労使関係の形成が進むことが期待されます。

第8章

_____

様々な職種への
オール歩合給展開を考える

# I

## 産業構造と職務内容が変化し、生産性の違いが賃金に反映されにくくなっている

　経済の発展とともに、サービス経済化が進むことはよく知られています。サービス経済化とは、産業構造においてサービス業の比率が高くなっていくことをいい、産業区分としては第3次産業の割合が増えていきます。

　1950年の国勢調査によれば、日本の就労者の割合は、第1次産業（農業、林業、漁業）が48.3%、第2次産業（鉱業、建設業、製造業）が21.9%、第3次産業（第1次産業、第2次産業以外の産業）が29.8%でした。それが、2015年の国勢調査では、第1次産業就労者はわずか4.0%となり、第2次産業が25.0%、第3次産業が71.0%となっています。就労者の大部分は第3次産業に従事しているということがわかります。

図表8-1 　日本の就労者の内訳比較

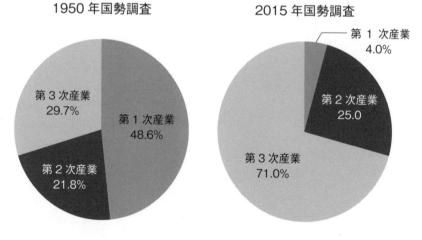

第8章　様々な職種への オール歩合給展開を考える

97ページの「産業別出来高払制の導入状況」（平成26年就労条件総合調査）によれば、歩合給の適用産業は、1位「運輸業、郵便業」24.5％、2位「宿泊業、飲食サービス業」9.5％、3位「金融・保険業」6.4％となっており、それらの産業はすべて第3次産業に分類されるものです。

　前述（93ページ）のとおり、当初、出来高払制は製造業や鉱業などにおいて生産性をあげるために導入されました。こうした労働者の生産性の違いは、肉体的、物理的な限界に規定されることもあって、プラスマイナス30％程度、つまり、平均値を100とすれば、上限130、下限70程度であるとする見方があります。

　一方、個人のスキルや努力の度合により成果に大きな差が出やすい営業職やIT技術者などの生産性は、人によって数倍の差が付くこともあります。こうした職種はサービス経済化とともに拡大しつつありますが、一般的な固定給中心の賃金制度では、同じ職種にある場合、年1回の賃金改定のシステムにおいて成果の違いを月例の固定給において何倍もの差に結び付けることは難しく、せいぜい賞与において支給格差を大きくすることくらいであると考えられます。そのような方法では、年収ベースで生産性の高い労働者と低い労働者で2倍の格差が付くことはないでしょう。つまり、生産性の違いが賃金に反映されにくいのです。

　あらゆる職種で歩合給制を導入することはできませんが、それに適した職種あるいは労働契約の場合、その可能性を今一度検討してみる価値はあります。

Ⅰ　産業構造と職務内容が変化し、生産性の違いが賃金に反映されにくくなっている

# Ⅱ

# 実は様々な職種で歩合給制の適用を検討する価値アリ

## Ⅱ-1 歩合給制は、様々な業種や職種、その経営方針などに合わせて柔軟に設定できる

　第3章Ⅰ-3（89ページ）のとおり、歩合給制はそれ以外の職種へも幅広く活用されています。歩合指標や歩率の設定などの歩合構造も様々で、それは歩合給制の代表的な適用職種である営業職においても同様です。

　「売上高×歩率」はもっとも基本的な歩合設定の方式ですが、この変化形が数多くあります。売上高が一定の水準を超えたときに初めて歩合が発生する方式や、売上ランクごとに歩率を変化させる方式、あるいは売上ランクごとに歩合給そのものを金額として設定してしまう方式、キャンペーン品などの特定品目に上乗せの歩率を設定する方式などです。

　前述しましたが、売上ではなく「売上高−原価（仕入価格）」など控除を伴う方式もあります。歩合指標として、売上金額ではなく売上個数を設定する方式もあります。例えば自動車のセールスでは、売上金額よりも売上台数のほうが歩合指標として一般的です。その場合、車種や車格によって異なる歩合単価が設定されたり、台数によって単価の設定を変えるなどの工夫が施されたりします。

　歩合給制は、様々な業種や職種、その経営方針などにあわせて柔軟に設定できることが一つの特徴です。

## Ⅱ-2 医師、看護師、士業事務所でも適用例がある

　歩合給制とは無縁と思われる職種にも、実は歩合給制は使われています。医師、看護師、などです。

　勤務医の場合、いわゆる「医局人事」で、出身大学の医局のネットワークによって紹介を得て勤務先を決めるケースと、ビジネスライクに医療系の人材紹介会社を通して職を得るケースの２パターンがありますが、後者の場合、報酬に出来高に応じた何らかのインセンティブつまり歩合給が加わることがめずらしくありません。

　この場合、個人の出来高が測りやすく、個人別のインセンティブが設定されてもチームワークに悪影響を与えない就労形態であることが条件となります。診療報酬は点数化されるので、歩合給の設定が簡単なようですが、必ずしもそうとは限らないのです。

　そうした観点から、麻酔科医や訪問診療を行う医師などは、比較的歩合給の設定になじむようです。なお、訪問看護においては、看護師も同様に歩合給が設定されることが少なくありません。

　士業事務所で雇用されて働く弁護士や弁理士、税理士などのスタッフにも、歩合給が適用されることがありますが、その場合は売上を歩合指標とすることが一般的です。ただし、案件に費やす手間と売上がバランスしないケースが多い場合は歩合給の適用は難しいですが、後述する時間請負制であれば適用できる可能性があります。

# Ⅲ

# 保険募集人

## Ⅲ-1　手数料収入を歩合指標とする歩合給制が適用される

　生命保険や損害保険の契約獲得を目指して営業活動を行う保険募集人という職種にも、歩合給制が多く適用されています。ここでは、主に生命保険募集人の賃金制度について考えていきます。

　大手企業グループへの保険販売を中心的に行ういわゆる機関代理店では、保険募集人も固定給のみの体系となっていることが多いようですが、広く一般への保険販売を専業とする代理店では、歩合給を含んだ賃金体系がとられることが一般的です。特に、コンサルティング力に長けた募集人を多く擁するプロ代理店とよばれる経営体では、フルコミッション制、つまりオール歩合給制が適用されることもめずらしくありません。

　保険代理店の場合は、獲得した保険契約に対して保険会社から一定の募集手数料が支払われます。そして、その手数料収入が歩合給計算の指標となり、そこに歩率を掛けて歩合給を求めます。

　募集手数料は、加入時年齢別の保険種類や払込期間、代理店ランク等によって決まりますが、契約初期段階に手数料の大きな割合が支払われるいわゆるL字払型と均等に支払われる平準払型があり、それを代理店が選択することになります。

　保険募集人の場合、支払われる報酬の一部についての税務上の扱いが一般職種と異なります。報酬が固定給と募集手数料に基づく歩合給に明確に分かれている場合、雇用契約であるにもかかわらず、歩合給

部分を事業所得として処理することが可能で、固定部分の給与所得と併せて確定申告することになります。保険募集に関する費用を個人として負担した場合、確定申告において経費処理することも可能です。

ただし、あくまで税務上の扱いだけで、労基法、健康保険法等の扱いとしてはその歩合給も当然、労働契約に基づく賃金あるいは報酬ということになります。

## Ⅲ-2 早期解約に伴う手数料収入の戻入に関する問題と対処策

### (1) 手数料の戻入問題と労基法16条

契約後の一定期間内に解約が発生した場合、保険会社が代理店に支払った手数料の戻入が経過月数に応じて発生します。戻入が発生する期間は、L字払型の場合、37カ月などと長めに設定されます。募集人は、代理店が戻入した手数料収入に対応する歩合給額を使用者に支払う（返金する）ことになります。

ここで、こうした手数料の返金を就業規則・賃金規程に定めた場合、「使用者は、労働契約の不履行について違約金を定め、又は損害賠償額を予定する契約をしてはならない。」（労基法16条）とする賠償予定の禁止条項に抵触するのではという疑問が生まれます。

この点について、行政通達では、「本条は、金額を予定することを禁止するのであって、現実に生じた損害について賠償を請求することを禁止する趣旨ではないこと（昭22年9月13日基発17号）」とされています。

通常、戻入時の返金規定は、具体的な金額を特定せず、戻入額に応じた返還となっていると考えられます。その場合は、賠償予定の禁止には違反しないのではないでしょうか。

歩合給の算定方法は、以下のようなシンプルなものが一般的です。

歩合給額＝代理店手数料収入×歩率

なお、ここでの歩率は（100％－代理店取り分割合）で、代理店取り分は業界では「オーバーヘッド」などとよばれています。オーバーヘッドが30％であれば、部率は70％となります。

　　歩合給額＝代理店手数料収入×（100％－30％）
　　　　　　＝代理店手数料収入×70％

　また、募集手数料に加えて、4半期ごとに代理店の営業成績やランクに応じて保険会社から代理店にボーナスが支払われることがあります。一般的には、このボーナスについても算定の基礎となった保険契約に対応して募集人への支払いがあり、それに対して通常の手数料収入と同様のオーバーヘッド分が控除されるケースもあれば、満額が支払われるケースもあるようです。保険募集人への報酬の支払い方は、保険代理店によって様々です。

## （2）　対策

　早期解約に伴う手数料収入の戻入とそれに伴う歩合給の返金問題は、保険募集の手数料体系によって生じるもので、これを完全に回避することは困難と考えられます。しかし、その負担感をできるだけ小さくする工夫はあり得ます。

　その一つの方法は、歩合給の一定割合を計算上一定期間（例えば半年間）プールし、その間に早期解約に伴う戻入が発生したり出来高払制の保障給の水準を下回ることがあったりした際に、そのプールされた金額から支給する、というものです。

　一例ですが、従来の歩合計算で支給すべき金額が10でこれをグロス金額とすると、月例で歩合給化するのはそのうち8割にとどめ、2割は計算上半期に一度の賞与原資としてプールしておくというものです。半年の間に戻入や出来高払制の保障給支給の必要が生じた場合には、計算上プールされた原資から支給し、そうした事態が生じなかっ

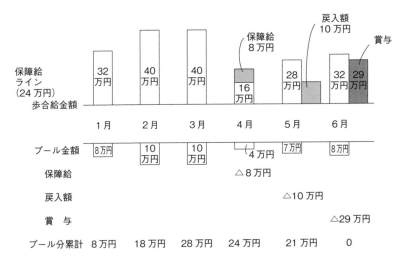

図表8-2　プールした歩合給の一部を保障給ラインを下回る場合の補填として利用する支給イメージ

| グロス金額 | 40万円 | 50万円 | 50万円 | 20万円 | 35万円 | 40万円 |
|---|---|---|---|---|---|---|
| 歩合給金額 | 32万円 | 40万円 | 40万円 | 16万円 | 28万円 | 32万円／29万円 |
| | 1月 | 2月 | 3月 | 4月 | 5月 | 6月 |
| プール金額 | 8万円 | 10万円 | 10万円 | △4万円 | 7万円 | 8万円 |
| 保障給 | | | | △8万円 | | |
| 戻入額 | | | | | △10万円 | |
| 賞　与 | | | | | | △29万円 |
| プール分累計 | 8万円 | 18万円 | 28万円 | 24万円 | 21万円 | 0 |

（保障給ライン（24万円）。4月：保障給8万円。5月：戻入額10万円。6月：賞与）

た場合には半期に一度現金化して賞与として支給します。その方式を概念図で示したのが、**図表8-2**です。

　戻入が発生した場合、その月における収支が、場合によってマイナスになることもあり得ます。これに対して出来高払制の保障給を支払うべきかという問題があります。

　戻入は、払い過ぎた歩合給の返金なので、戻入があった月の受取金額が減少したからといって、それによって保障給を支払う必要はないとする解釈も成り立ちます。ただし、戻入の対象となった歩合給を支給した月において、それがなかったとしたら保障給が必要だった場合をどう考えるかは難しい問題です。労基法やこれまでの行政通達は、そのようなケースまで想定していないからです。

## Ⅲ-3　オール歩合給制への移行

　こうした賃金体系を、歩合給のみで運用するケースがフルコミッション制、つまりオール歩合給制ですが、歩率を下げて基本給などの固定給と組み合わせて行う方法も一般的です。

　プロ代理店や保険会社のハイパフォーマー候補者に対して、オール歩合給制を導入する場合のプロセスとして、当初固定給を設定し、それを段階的に減らしていく手法が採られることがあります。その場合、段階的に固定給を減らし歩率を上げていくことになります。プロフェッショナルな保険募集人を目指す従業員が希望した場合に、そのような方式が適用されます。

　一例ですが、基本給などの固定給月額を初年度30万円、2年目20万円、3年目10万円、4年目ゼロ円などとして、オール歩合給制に移行します。ただし、ここを突き抜けて本物のプロになっていく確率は必ずしも高くないようです。

# Ⅳ

# 建設工事等の現場管理者

## Ⅳ-1　建設工事等の現場管理者への歩合給制の適用

　建設工事等の現場で働く現場管理者に対して歩合給制を適用することも可能です。目指す姿としては、スキルが高くある程度の裁量権を持つ現場管理者が、複数の工事を効率的に進めたりコストを削減したりすることに努め、会社はその成果に歩合給で報いていこうとする仕組みです。

　建設工事本体の請負は変動要素が大きいので、設備工事など建設工事の一部を請け負う業種のほうが歩合給を設定しやすいかもしれません。

## Ⅳ-2　付加価値に連動した歩合給制の検討

### （1）　歩合指標

　歩合指標としては、工事請負金額そのものよりもそこから外注費や資材費等を除いた金額を対象とするほうが、付加価値に連動するため合理的と考えられます。ただし、実際の外注費や資材費等は変動することもあり得るので、あくまで見積もった予算によって指標を設定することになります。その外注費や資材費等は節約できる可能性もあるため、予算との比較で節約できた分については、その何パーセントかを歩合給として支払う方法もあります。

## （2）　歩合給の構造

歩合給としては、以下のような構造が考えられます。

歩合給Ａ総額＝（工事請負金額－外注費・資材費等）×歩率Ａ
歩合給Ｂ総額＝（実際に発生した外注費・資材費等－予算上の外注
　　　　　　　費・資材費等）×歩率Ｂ

なお、「工事請負金額－外注費・資材費等」を、以下次のように
「工事ネット」金額と表現します。

歩合給Ａ総額＝工事ネット金額×歩率Ａ

建設工事の工期は数カ月やそれ以上を要することもあり、歩合給も
その期間で設定します。工期が延長になることもあるため、予定工期
に１カ月程度の余裕を見込んでおくことも現実的な方法です。余裕期
間は、その工事の内容によって変える対応もあります。

メインとなる歩合給Ａは、余裕を見込んで設定した期間に割り振
ります。当然、月の途中で工事が始まって月の途中で終わることもあ
るため、期間の割振りとしては、１／３月、２／３月などというケー
スもあり得ます。

余裕を見込んで設定した期間が５カ月とすると、歩合給Ａの毎月
の支給額は右のとおりで、初月は１／３月の工期なので、歩合給も１
／３月分となります。

工事が予定どおり、あるいはそれよりも短い期間で完了した場合
は、その時点で残りの歩合給を支払うことになります。これにより、
工期を予定どおりあるいは短縮して行うモチベーションが生まれま
す。

歩合給Ｂは、工事終了時点で実際に要した費用を確認して支給し
ます。なお、費用が予算をオーバーした場合は、その分の歩合給Ａ

第8章　様々な職種への　オール歩合給展開を考える

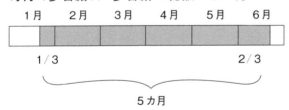

毎月の歩合給 A ＝歩合給 A 総額÷ 5 カ月

| 1月 | 2月 | 3月 | 4月 | 5月 | 6月 |

1/3　　　　　　　　　　　　　　　　2/3

5カ月

の計算をやり直し、最終支給分で調整、つまり減額するという考え方もありますが、予算オーバーには様々な要因があるため、そもそも調整を行わない方法や、その理由によって調整を行うかどうかを決める対応もあり得ます。

　なお、歩合給 B については、歩率可変型の歩合給とすることも技術的には可能ですが、仕組みの複雑さが増すので固定歩率が現実的と考えられます。

## (3)　工事ネット金額により発生する不合理の解消方法

　歩合給 A を算定するにあたり、すべての工事を同じ歩率で処理するのは不公平な面があります。総額が大きな工事ほど利益額が大きくなるのは当然ですし、必ずしもそれに比例して手数が増えるわけではないという構造があるからです。そのような事情がある場合、歩率を工事ネット金額に応じて段階的に変化させていくことが合理的です。つまり、工事ネット金額が増えていくに従って歩率を下げていくという対応です。

　以下は、工事ネット金額のランクに応じて、段階的に部率を変化させていく方法の例です。

| 工事ネット金額 | 歩率 |
|---|---|
| 300 万円以上 1,000 万円未満 | 6.0% |
| 1,000 万円以上 2,000 万円未満 | 4.5% |
| 2,000 万円以上 5,000 万円未満 | 2.5% |

この方法は一覧表になっていてわかりやすいですが、金額ランクの境界付近で歩率が急激に変化し、不公平な現象が生まれます。例えば、工事ネット金額が999万円だと歩率は6.0％で歩合給Aの総額は59万9,400円となりますが、工事ネット金額が1,000万円だと歩率は4.5％に下がり、歩合給Aの総額は45万円となります。

　こうした不合理さを回避するために、金額に応じて連続的に歩率を変化させる**図表8-3**のような方法もあります。

　この方法では、工事ネット金額の大きさによってゾーンを分け、そのゾーン内で工事ネット金額によって連続的・直線的に歩率を変えていきます（**図表8-3**で3つのゾーンに分けたのは、金額のレベルによって直線の傾き、つまり歩率の減少率を変えたほうがよいという判断から。ゾーンを1つ、2つあるいは4つ以上に設定することも可能）。

　4つの地点K、L、M、Nの位置における歩率を定義して、その間を直線で結べば、それぞれの範囲内において歩率が連続的・直線的に変化します。

　各地点における（工事請負ネット金額、部率）は、K$(x_1, y_1)$、L$(x_2, y_2)$、M$(x_3, y_3)$、N$(x_4, y_4)$です。そして、それぞれの区間内の工事請負金額と歩率の関係は、一次式$y = ax + b$で定義されます。

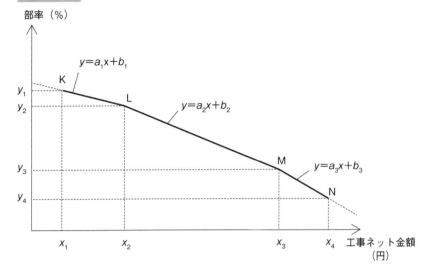

**図表8-3** 金額に応じて連続的に歩率を変化させる方法

① KとLの間：$y=a_1x+b_1$

　ここに $(x_1、y_1)$、$(x_2、y_2)$ を代入して $a_1$ と $b_1$ を求めると、歩率の算定式は以下のとおりとなります。

$$y=\frac{y_1-y_2}{x_1-x_2}x+\frac{x_1y_2-x_2y_1}{x_1-x_2}$$

② LとMの間：$y=a_2x+b_2$

　ここに $(x_2、y_2)$、$(x_3、y_3)$ を代入して $a_2$ と $b_2$ を求めると、歩率の算定式は以下のとおりとなります。

$$y=\frac{y_2-y_3}{x_2-x_3}x+\frac{x_2y_3-x_3y_2}{x_2-x_3}$$

③　MとNの間：$y=a_3x+b_3$

　ここに $(x_3、y_3)$、$(x_4、y_4)$ を代入して $a_3$ と $b_3$ を求めると、歩率の算定式は以下のとおりとなります。

$$y=\frac{y_3-y_4}{x_3-x_4}x+\frac{x_3y_4-x_4y_3}{x_3-x_4}$$

④　**計算結果**

　具体的な数字を入れて考えていきましょう。

　$x_1$〜$x_4$ における工事ネット金額に対応した歩率 $y_1$〜$y_4$ を下表のとおりとすると、$x_1$〜$x_4$ における歩合給 A 総額はそれぞれ記載の金額となります。

| | 工事ネット金額 | | 歩率 | 歩合給 A 総額 |
|---|---|---|---|---|
| $x_1$ | 300 万円 | $y_1$ | 7 % | 21 万円 |
| $x_2$ | 1,000 万円 | $y_2$ | 5 % | 50 万円 |
| $x_3$ | 2,000 万円 | $y_3$ | 4 % | 80 万円 |
| $x_4$ | 5,000 万円 | $y_4$ | 3 % | 150 万円 |

　この表にある $x_1$〜$x_4$、$y_1$〜$y_4$ の数字を前記の式に代入すると、歩率の算定式は次のとおりとなります。

　K と L の間：$y=a_1x+b_1=-\dfrac{1}{3,500,000}x+\dfrac{55}{7}$

　L と M の間：$y=a_2x+b_2=-\dfrac{1}{10,000,000}x+6$

$$\text{M と N の間}：y = a_3 x + b_3 = -\frac{1}{30,000,000}x + \frac{14}{3}$$

また、各区間において一次関数を使って歩率を直線的に変化させていますが、技術的には二次関数、三次関数等を使って歩率をそれらの曲線上で変化させる方法も適用可能です。

工事ネット金額が一定金額以下あるいは一定金額以上の場合、歩率を変化させずに定率とする設定もあり得ます。

## Ⅳ-3　オール歩合給制の可能性

建設工事等の現場管理者への歩合制は、基本給などの固定給を設定したうえで、インセンティブとして歩合給を活用する方法が想定されます。しかし、工期が安定していてスケジュール変更の幅が小さく、受注も安定的に確保できるなどの条件が揃った場合、固定給を設定するものの歩合給をメインとする仕組みとしたり、あるいはオール歩合給制を適用したりすることも不可能ではないと考えられます。

なお、一つの工事案件を複数の管理者が協力しながら行う場合には、負担割合を決めて歩合給をその割合によって分割する方法が考えられます。

歩合給制を適用する現場管理者については、相当の裁量権を持つことが前提であるため、労働時間制についてはフレックスタイム制を適用し、現場へは原則として直行直帰するスタイルがフィットすると思われます。

ここで紹介した歩率を歩合指標の金額に応じて変化させる方法は、現場管理者に限らず幅広い職種に適用可能です。

# V

# 時間請負制（ITエンジニアなど）

## Ⅴ-1 時間請負制の歩合給制適用の可能性

　歩合給の構造としては、成果を数値化してそれに単価やパーセンテージを掛けて計算する方式だけでなく、一定の作業に対して標準時間と時間賃率を設定して計算する方式があります。前者は一般的な歩合給制ですが、これを「単価請負制」とよび、後者を時間請負型の歩合給制、つまり「時間請負制」とよぶことがあります。

　現在導入されている歩合給制は、ほとんどが売上金額×○％、生産個数×○円といった単価請負制です。しかし時間請負制も、作業のレベル評価とそれを完了するために必要な標準作業時間が設定できる業務であれば、適用は可能です。

　例えばソフトウェア開発の場合、基本的には対象業務の工数分析を行うので、業務ごとの標準作業時間とその作業に必要なスキルに対応した時間あたり賃金を設定することは可能と考えられます。標準作業時間と時間あたり賃金が設定できれば、理論的には時間請負制の適用は可能です（システムの不具合への対応やバグの修正などは作業完了までの時間に含まれます）。

　ITエンジニアの場合、能率差は標準作業者の能率の数倍になることもあり得ます。通常の賃金制度ですと、半年間の成果を賞与に反映させていくようなペースになるわけですが、時間請負制であればそうした能率差が月例賃金にダイレクトに反映されるようになります。

## V-2 時間請負制の２つの方式

### (1) 100％分益制

　時間請負制のうち最もシンプルなものは、ある業務・作業について標準作業時間を設定し、それに対して難易度などのレベル評価を反映した時間賃率、つまり時間あたり単価を掛けるもので、次の式により計算されます。

　賃金額＝時間あたり賃金×標準作業時間

　具体的な数字で考えてみます。標準時間５時間、時間あたり賃金1,000円とすると、それを３時間で完了したとしても1,000円×５時間＝5,000円を支払うというもので、これが最もシンプルな時間請負制です。この方式では、節約時間分のすべてを労働者の取り分とするため、「100％分益制」とよばれることもあります。そして、ここで受け取る5,000円は歩合給の位置付けとなり、すべての業務に100％分益制が適用される場合はオール歩合給制ということになります。

### (2) ハルセー方式

　100％分益制以外にも、節約時間分の一定割合を労働者に分配し、残りは企業の収益とする方式も複数存在します。「ハルセー方式」とよばれるものはその１つです。標準能率以上であった場合は、節約時間の賃金額の、例えば２分の１（３分の１のケースもあります）を労働者に分配するもので、２分の１分配の算式は以下のとおりとなります。

$$賃金＝時間あたり賃金×実作業時間＋\frac{時間あたり賃金×（標準時間－実作業時間）}{2}$$

100％分益制の賃金額の計算は、時間あたり賃金に標準作業時間を掛けていたのに対して、ハルセー方式では実作業時間を掛けているのが特徴となります。

ハルセー方式で上記と同じ条件、時間あたり賃金＝1,000円、標準作業時間5時間、実作業時間3時間とすると、賃金額は以下の計算により4,000円となります。

$$賃金 = 1,000円 \times 3時間 + \frac{1,000円 \times (5時間 - 3時間)}{2} = 4,000円$$

この「時間あたり賃金×実作業時間」を基本賃金と表現すれば、基本賃金は通常の時給制による賃金で、式の右側の2分の1分配部分が歩合給ということになります。

## （3）　100％分益制とハルセー方式の比較

100％分益制の場合、上記例では3時間で業務を終えても終了までに6時間を要しても、受取金額は変わりません。本来的な意味での請負契約でこの業務を5,000円で請け負ったケースと同じ金銭の受渡しとなり、よりフリーランスに近い姿になります。

対してハルセー方式では、時間あたり賃金額に掛けるのが標準作業時間ではなく実作業時間です。この「時間あたり賃金×実作業時間」つまり基本賃金部分は、通常の時給制賃金なので、時間をかけて作業を行えば行うほど大きな金額になります。逆に短時間で作業を終えれば基本賃金額は小さくなるのですが、「節約時間×時間あたり賃金」の2分の1の金額、つまり歩合給が労働者に分配されることになります。

上記例において、5時間以上かけて仕事を行った場合は、分配額つまり歩合給はゼロになります。作業時間が5時間の場合は、1,000円×5時間＝5,000円を受け取り、8時間かけて行った場合は1,000円×

8時間＝8,000円が賃金額となります。あくまで、基本賃金の「時間単価×実作業時間」は保障されています。

　3時間のケースの受取額は4,000円（基本賃金3,000円＋歩合給1,000円）でしたので、実質時間単価は4,000円÷3時間＝1,333円となり、時間単価は上がります。しかし、節約した労働時間が生む付加価値の2分の1は経営側に分配されるので、100％分益制で同じ3時間で作業を完了した場合の実質時間単価1,667円（＝5,000円÷3時間）よりも見劣りするのです。

　単純な時給制の場合、基本賃金つまり「時間あたり賃金×実作業時間」だけが支給され、ハルセー方式の算定式における分配式部分がない状態なので、生産性が高く時間の節約が行われた場合の付加価値は、すべて経営側の利益となります。生産性の高い労働者の場合、時間節約分の2分の1でも分配があるだけ、単純な時給制よりもメリットがあるともいえます。

##  時間請負制を活用するメリット

　時間請負制の優れたところは、一つの作業だけでなく、複数の作業に対してそれぞれの標準時間と時間単価を設定できる点です。A作業、B作業、C作業に対してそれぞれの時間あたり賃金と標準作業時間が設定できます。また、A作業、B作業、C作業が関連し合って一つのD業務を構成しているケースでは、全体としてのD業務に対して時間当あたり賃金と標準作業時間を設定することも可能です。

　一般的な単価請負制の場合、同じ業務に対して人によって異なる歩率や単価を設定することは難しいですが、時間請負制の場合、熟練度や貢献度などの違いによって、人ごとに異なる時間単価を設定することも可能です。

　業務遂行と時間管理の問題については、ハルセー方式の場合、複数作業の同時進行は作業ごとの労働時間管理が困難になり、賃金計算が

行えません。

　一方、100％分益制の場合は個々の作業時間を把握しなくても賃金額の算出は可能で、業務遂行の順序や複数作業の同時進行も賃金計算の観点からは許容されます。労働時間の把握も、作業単位ではなく１日単位で行えば事足ります。

　100％分益制もハルセー方式も、50年以上前に主に製造業で活用されていたもので、これらの方式に修正や工夫を施した別の方式も存在しました。現在、こうした方式はほとんど使われていないと考えられます。

　しかしながら、ソフトウェア開発などの事業は製造業における歩合給制適用が下火となった後に拡大したものです。IT技術者などに歩合給が適用されてこなかったのは、そのような背景によるものかもしれません。

　フリーランス的な働き方を受け入れる余地のある企業において、IT技術者に限らず、単独で職務を遂行しその業務に対して標準作業時間と時間あたり賃金が設定できる場合、時間請負型の歩合給制が適用可能と考えられます。

## Ⅴ-4　時間請負制と労働法

　時間請負制の適用者であっても、労働契約である以上、労働関係諸法令の適用を受けます。労働時間管理は必要ですし、時間外労働が発生した場合の割増賃金の支払いや、歩合給が月例賃金に占める割合が概ね４割以上であれば、出来高払制の保障給の設定も必要になります。法定の年次有給休暇の付与も行わなければなりません。

　100％分益制の場合、標準能率以下であっても「時間あたり単価×標準作業時間」で計算される賃金は発生しますが、非常に長い時間を要した結果最低賃金を割るような場合は、その水準まで時間単価を上げなければなりません。規定された出来高払制の保障給の水準を下

回った場合も、同様に補償が必要となります。

　ハルセー方式の場合、基本賃金である「時間あたり賃金×実作業時間」は保障されているため、ここでの時間あたり賃金が最低賃金額以上であれば、最低賃金割れの問題は生じません。

　100％分益制、つまりオール歩合給制のITエンジニアなどの労働時間制については、オール歩合給制の良さを生かすために、就労時間を自己決定できる仕組みが望ましいと考えられます。つまり、100％分益制を適用する労働者については、始業・終業時間の決定を労働者の決定に委ねるフレックスタイム制がマッチすると考えられ、同様にリモートワークも相性が良いと考えられます。

　一方、ハルセー方式の場合は、作業ごとに労働時間を管理者が正確に把握する必要があるので、フレックスタイム制はなじまないといえます。

## Ⅴ-5　フリーランスと歩合給制社員

　IT技術の進展により個人で事業を営む者の可能性が広がり、独立して業務を請け負うフリーランスと呼ばれる個人事業主が増加しています。

　フリーランスとオール歩合給制の労働者では、やればやっただけ収入が増える点は共通していますが、法的位置付けはまったく異なります。フリーランスの場合は報酬システムを体系化する必要はありませんが、歩合給制の労働者の場合は、成果指標に対して報酬を体系化した賃金制度を設ける必要があります。そして、当然のことながら労働関係諸法令の保護を受けます。

　ただし、100％分益制であれば、非雇用のフリーランスと歩合給の労働者の両方に対して同じ報酬体系を適用することができます。

　つまり、フリーランスに対しては、ある作業に対して標準作業時間と時間あたり賃金（フリーランスの場合は時間あたり単価）を設定し

て、請負金額として支払います。一方、労働者に対しては歩合給として支給する、という対応になります。もちろん、労働者は各種労働法の保護を受け、社会保険料等も発生することから、それらのコストを織り込んで、労働者に対する時間あたり賃金よりもフリーランスへの時間あたり単価を高く設定することになります。

平成30年に政府は「兼業・副業の促進に関するガイドライン」を策定し、兼業・副業を推進しています。そのねらいは、新しい働き方を進めることで、個人にとっての所得の向上、スキルの獲得、人生100年時代における新たな働き方などが実現できるものと考えているようです。

企業にとっても、従業員が様々な経験を積むことで成長すること、優秀な人材の離職防止、他社の専門的人材の活用などの効果が見込めます。兼業、副業を行う労働者に、成果志向型の時間請負型の賃金体系、特に100%分益制を適用することは、労使双方にとってメリットが大きいと考えられます。

# Ⅵ

# 集団出来高払制（製造職種など）

## Ⅵ-1　チーム、集団に適用される歩合給制

　これまで個人に適用される歩合給制を見てきましたが、チーム、集団に適用される仕組みもあります。

　歩合給制は、かつて製造業において単純な単価請負制（出来高払制、歩合給制）から時間請負制（個人能率給）へと移行しました。次に、主要工程の機械化が進み、生産が組織化・高度化していった結果、個人単位の頑張りよりも、組織全体として生産性を上げることがより重要になり、集団出来高払制・集団能率給へと進化していきました。

　集団出来高払制・集団能率給は、個人に適用される出来高払制、時間請負制の仕組みを、集団つまり作業班やチームなど、共同で生産を行う集団に適用するものです。

### （1）　集団出来高払制・集団能率給とは

　集団出来高払制は、ある集団における出来高によって配分する総額を算出し、これを一定の方法で集団を構成する労働者に配分します。一方、集団の能率によって各人の賃金支給率を変えていく方式が、集団能率給の代表的なものとなります。

　かつて幅広く適用された集団に適用するこれらの仕組みとしては、出来高を基準とした集団出来高払制（単価請負制）よりも、能率を基準にした集団能率給（時間請負制）が主流で、賃金総額あるいは賃金の基幹的部分が、こうした仕組みによって支払われていたようです。

最もシンプルな集団能率給の計算式の例は、次のとおりです。

**個人別賃金＝各人時間給×各人実労働時間×集団能率**[注]

(注)　集団能率＝$\dfrac{\text{賃金算定期間におけるすべての作業の標準工数の合計}}{\text{賃金算定期間における総投入工数}}$

　ある集団において賃金算定期間に発生するすべての作業について、完成に必要な標準工数（工数＝人数×時間）を合計し、それを同期間に実際に投入された工数の合計で除したものが集団能率であり、その割合を各人の時間給計算にダイレクトに掛けて賃金（能率給）額を求めます。

　標準工数が把握できれば、総投入工数はそれらの作業にかかる総労働時間にほかならないので、個人別賃金は計算が容易です。ただし、この方式によると、集団能率による効果がすべてのメンバーに同じ割合で反映されることになります。


## (2)　生産奨励給

　集団出来高払制・集団能率給が、一つの製造ラインに従事するチームなどのように、一連の作業を相互に依存しながら行う集団に適用されたのに対し、生産奨励給は、工場単位、部門単位のように、間接部門など作業の相互依存性が少ない労働者も含んだ集団を対象として運用されました。現在も、1カ月の生産金額や生産数量が目標金額を超えた場合、その超えた度合によって一定の報奨金を製造ラインのメンバーに支払う仕組みなどとして、製造現場などにかたちを変えて残っています。

## Ⅵ-2 生産奨励給の仕組み

### （1） 指標

　支給のもとになる指標は生産量や生産金額などです。具体的には、生産量であれば１カ月の目標生産量を上回った場合、例えば上回った分の数量×単価、生産金額方式であれば１カ月の目標金額を上回った分の○％などを配分原資とします。

　１カ月単位よりも１日単位にしたほうが日々の生産活動が活性化し、それによる弊害も少ないと考えられる場合、１日の目標を決め、それを上回った量あるいは金額を累積していき、１カ月間の合計に単価やパーセンテージを掛けて配分原資を決定します。

### （2） 配分方法

　各労働者へ配分を行う方法は、①全員一律、②基本給比例、③従業員種別やランクに応じた係数、などが考えられます。

### ① 全員一律

　配分原資を対象人数で割ったものを支給します。各人への配分額は、次の計算式で算出されます。

$$各人配分額＝配分原資÷人数$$

### ② 基本給比例

　配分原資は対象者の基本給の大きさに比例して支給されます。各人への配分額は、計算式で算出されます。

$$各人配分額＝配分原資×\frac{各人の基本給額}{Σ各人の基本給額}$$

### ③ 従業員種別やランクに応じた係数

基本給の割合をそのまま使うのではなく、例えば社員の等級に応じた支給係数を使うなどの方法で配分します。各人への配分額は以下のとおりです。なお、間接業務を行うメンバーの場合、この支給係数にさらに 0.5 を掛けたものを支給係数とするなどの調整を行う場合があります。

$$各人配分額＝配分原資×\frac{各人の支給係数}{\Sigma\,各人の支給係数}$$

## Ⅵ-3  生産奨励給に実労働時間を反映させ歩合給として扱う方法

### （1）支給金額計算において、各人の実労働時間を反映させれば歩合給として扱える

生産奨励給の原資の配分にあたっては、労働時間を配分額に反映するかどうかで支給金額の性格が変わってきます。

右は、集団能率給に関する行政解釈です。昭和 26 年に出された古い通達ですが、現在も効力を持っています。**質問1**、**質問2**ともに、集団能率給によって配分される賃金の割増賃金の扱いに関するものです。

**質問1**の生産手当は、毎月ある条件をクリアした場合、一律 500 円を支給するというものです。この 500 円は労基則 19 条 2 項の「休日手当その他前項各号に含まれない賃金」に該当し、その規定によって計算方法としては「月によって定められた賃金」とするということになります。つまり、割増賃金の計算方法においては、労基則 19 条 1 項 6 号の歩合給には該当せず、単価計算にあたって、対象賃金を月平均所定労働時間で除して、割増率は 1.25 を掛けるというものです。**質問2**の能率賞与は、集団として一定の生産量を超えた場合、労働者 1 人あたり 300 円×人数を支給原資とするものです。労働者への配分

●昭 26 年 2 月 14 日　基収 3995 号

【質問】
1．生産手当
　　某会社では数カ工場の生産量を合計して毎月ある一定の生産量を超えた場合に全員（但し該月の就業日に 1 日以上就業しない者を除く）一律に 5 百円を支給するという生産手当は施行規則第 19 条の計算においては月によって定められた賃金として同条第 1 項第 4 号による。
2．能率賞与
　　某鉱業所において毎月計画生産量を超えた場合労働者 1 人当たり平均 3 百円としてプールし、それが個人別配分の場合には各人の能率、成績その他に応じて比例配分される。従って毎月その支給額が一定でないという所謂集団請負制の形態をとるものは請負制によって定められた賃金として施行規則第 19 条の計算においては同条第 6 号による。

【当局の回答】
　　1 については施行規則第 19 条第 2 項によって月によって定められたものとみなす。2 の能率賞与については各人別比例配分の場合の各人の能率、成績その他の条件に各人の実際労働時間が含まれる場合には貴見のとおり。

は、各人の能率、成績等に応じて行うということですが、割増賃金計算にあたり、この支給金額（能率賞与）を労基則 19 条 1 項 6 号で規定される歩合給として扱ってよいか、というのが質問の内容です。

　回答は、質問 2 の能率賞与について、各人の能率、成績等に各人の実際労働時間が含まれていれば、労基則 19 条 1 項 6 号の歩合給として扱ってよいとしています。つまり、支給金額計算において、各人の実労働時間を反映させれば歩合給として扱えるというのが結論です。

## （2） 生産奨励給に実労働時間を反映させる方法

　では、どのように各人の実労働時間を反映させればよいのでしょうか。前述の基本給比例の配分方式は、次のとおりでした。

$$各人配分額＝配分原資 \times \frac{各人の基本給額}{\Sigma \, 各人の基本給額}$$

　この方式に、各人の月間実労働時間を反映させるには様々な方法が考えられますが、以下の算定方式も合理的と考えられます。
　この方式であれば、仮に基本給が同一であれば、月間実労働時間の割合の差が配分額の割合の差になって表れます。逆に労働時間が同一であれば、基本給額の割合の差が配分額の差となって表れます。

$$各人配分額＝配分原資 \times \frac{各人の基本給額 \times 各人の労働時間}{\Sigma \, (各人の基本給額 \times 各人の労働時間)}$$

　このように、各人の実労働時間を配分額の算定に反映さえた場合、割増賃金の計算は前ページの通達（昭和 26 年 2 月 14 日基収 3995 号）を受けて、歩合給に適用される方式で行うことが可能になります。

## Ⅵ-4　生産奨励金を販売奨励金等として活用することも可能

　生産奨励金の方式は、販売業務に適用し、販売奨励金、販売インセンティブなどとして運用することも可能です。
　以下のような事例で販売奨励金として活用した場合の、販売奨励金の額と販売奨励金に対する割増賃金を考えてみます。

≪事例≫

・協力して販売業務を行うグループ（営業担当 10 名、間接業務を担う営業サポート要員 2 名）で、販売奨励金は、営業グループの 1 カ月の販売額が目標金額を超えた場合に超えた金額の 3 ％が販売奨励金原資となる

・目標超過額合計 800 万円で、販売奨励金原資は 24 万円

## （1） 販売奨励金の額

販売奨励金の計算方式は、販売奨励金原資に等級係数、職種係数（営業職 1、営業サポート職 0.5）、労働時間係数によって計算されます。ここでは**Ⅵ-2(2)**③で述べた従業員種別やランクに応じた係数を基準に配分する方式をとっています。

各人への販売奨励金の具体的な計算式は次のとおりです。なお、支給係数＝等級係数×職種係数です。

$$各人販売奨励金＝販売奨励金原資×\frac{各人の支給係数×各人の労働時間}{\Sigma（各人の支給係数×各人の労働時間）}$$

| 氏名 | 職種 | 等級 | 等級係数 | 職種係数 | 支給係数 | 実労働時間数 | 支給係数×労働時間 | 支給係数×労働時間 ／Σ（支給係数×労働時間） | 販売奨励金（円） | 残業代（円） |
|---|---|---|---|---|---|---|---|---|---|---|
| A | 営業職 | 3 | 1.6 | 1.0 | 1.6 | 190 | 304 | 0.123 | 29,608 | 779 |
| B | 〃 | 3 | 1.6 | 1.0 | 1.6 | 185 | 296 | 0.120 | 28,829 | 584 |
| C | 〃 | 2 | 1.3 | 1.0 | 1.3 | 195 | 254 | 0.103 | 24,690 | 791 |
| D | 〃 | 2 | 1.3 | 1.0 | 1.3 | 174 | 226 | 0.092 | 22,031 | 127 |
| E | 〃 | 2 | 1.3 | 1.0 | 1.3 | 140 | 182 | 0.074 | 17,726 | 0 |
| F | 〃 | 2 | 1.3 | 1.0 | 1.3 | 184 | 239 | 0.097 | 23,297 | 443 |
| G | 〃 | 1 | 1.0 | 1.0 | 1.0 | 188 | 188 | 0.076 | 18,310 | 438 |
| H | 〃 | 1 | 1.0 | 1.0 | 1.0 | 176 | 176 | 0.071 | 17,141 | 146 |
| I | 〃 | 1 | 1.0 | 1.0 | 1.0 | 214 | 214 | 0.087 | 20,842 | 1,071 |
| J | 〃 | 1 | 1.0 | 1.0 | 1.0 | 178 | 178 | 0.072 | 17,336 | 195 |
| K | 営業サポート職 | 2 | 1.3 | 0.5 | 0.7 | 182 | 118 | 0.048 | 11,522 | 190 |
| K | 〃 | 1 | 1.0 | 0.5 | 0.5 | 178 | 89 | 0.036 | 8,668 | 97 |
| 合計 | | | | | 13.6 | 2,184 | 2,464 | 1 | 240,000 | 3,913 |

・月所定労働時間数 170 時間、営業職 E は時短勤務者

## （2） 販売奨励金に対する割増賃金

このケースの残業代計算は、販売奨励金算定において労働時間の要素を反映していますので、歩合給に対する割増賃金計算方式が適用できます。つまり、割増賃金単価計算の分母は所定労働時間ではなく総労働時間となり、割増率は 1.25 ではなく 0.25 となります。

例えば、営業職 G の割増賃金計算では総労働時間が 188 時間なので、月所定労働時間の 170 時間を超えた 18 時間が時間外労働となります。

営業職 G の販売奨励金に対する割増賃金

$$= 時間外労働時間数 \times \frac{歩合給}{総労働時間} \times 0.25$$

$$= 18\,時間 \times \frac{18{,}296\,円}{188\,時間} \times 0.25$$

$$= 438\,円$$

歩合給の割増賃金計算方式が適用されたため、残業代は 438 円ときわめて少額になりました。販売奨励金の計算において労働時間が考慮されなければ、つまり労働時間係数を掛けていなければ、販売奨励金は歩合給の位置付けとはならないため、通常の割増賃金計算方式で算定することになります。当然のことながら、基本給その他の固定的賃金については、通常の割増賃金計算が適用されます。

## （3） 集団出来高払制による販売奨励金を活用するメリット

集団出来高払制による販売奨励金は、個人ごとの成果が把握できなくても運用が可能です。生産業務に限らず販売業務においても、昨今では個人プレーよりもチームプレーが効果を発揮するケースが多いと考えられます。そうしたケースにおいても、成果に比例して支給する

第 8 章　様々な職種への オール歩合給展開を考える

歩合給制の良さが享受できるのです。

　また、成果をあげることが職務である営業職などの直接要員だけでなく、営業サポート職などの間接要員もグループに加えることができます。間接要員に対する配分比は、職種係数でコントロール可能です。

　実労働時間を歩合給に反映させることについては、メリットとデメリットがあります。労働時間の反映によって歩合給に対する残業代計算方式が使えるようになり、残業代が相対的に低く抑えられます。これは経営側のメリットです。

　また、労働時間の長短が支給額に反映されますので、時短勤務者が労働時間に応じた配分を受けることができるなど、公平性が保てます。一方で、貢献度が低くても労働時間が長ければ支給額が大きくなり、その分他のメンバーの配分額が減少するため、不満が高まるおそれがあります。それに対しては、「成果につながらない長時間労働は他のメンバーの配分額を減らしてしまうので、各メンバーは効率アップを図るべき」という認識を共有することで、行動の改善を図っていく必要があります。

## Ⅵ-5　集団出来高払制のまとめ

### （1）　運用のしかた次第でオール歩合給制として運用することができる

　前述の販売奨励金は、基幹的賃金とは別にインセンティブとして支給されるものでした。

　この仕組みの運用として配分原資を大きく取り、それによってすべての賃金を賄うようにすれば、オール歩合給制となります。つまり、集団出来高払制によるオール歩合給制ということになります。この場合、配分原資はその大きさだけでなく、月による変動がどの程度ある

かも重要な要素となります。オール歩合給制の場合、配分原資の変動
が直接月例賃金の変動となって表れるからで、あまりに変動が大きけ
ればオール歩合給制の運用は難しくなります。

## （2）　集団出来高払制の２つのロジック

　整理すると、集団出来高払制の構造は２つのロジックで成り立って
います。

### ①　配分原資の造成ロジック

　１つは配分原資の造成ロジックで、もう１つは個人への配分ロジッ
クです。

　配分原資の造成ロジック、つまり計算方法を能率給方式にすれば、
集団能率給制となります。能率給方式とは、まとまった作業に対して
標準時間と時間賃率を設定して計算する方式で、例えば、配分原資は
以下のように設定できます。

$$配分原資 = \frac{\Sigma\{時間当たり賃金 \times (標準時間 - 実作業時間)\}}{X}$$

　賃金算定期間中のすべての作業について標準時間と実作業時間の差
をとり、それに時間あたり賃金を乗じたうえで合計していきます。標
準時間よりも実作業時間が大きければこの値はマイナスとなり、こう
して算出されるプラスマイナスのすべてが合計されます。

　Ｘは、分子で算定された節約時間により生まれる付加価値を集団
メンバーに分配する割合を示します。Ｘ＝１であれば１分の１つまり
100％の分配で、Ｘ＝２であれば２分の１の分配となります。

　単価請負制による配分原資の計算例については257ページで示しまし
たが、配分原資はこのようなロジックで造成されます。

## ②　個人への配分ロジック

　もう一つのロジックは、配分原資を集団メンバーに配分するロジックです。

　257〜258ページで、3つの配分方法を例示しましたが、ここに労働時間の要素を加えると、配分される賃金は歩合給の扱いとなり、割増賃金計算は歩合給方式が適用可能になります。

　かつて製造業を中心に広く採用された集団出来高払制、集団能率給は、現代の様々な業種、職種に適用の可能性があり、検討する価値はあると考えられます。

# 巻末資料
## －賃金規制例－

最後に、オール歩合給制を導入した場合の賃金規程の作成例を
お示しします。

# 賃金規程

(目的)

第1条　この規則は、運転手の賃金に関する事項を定めたものである。ただし、パートタイマー、期間雇用、60歳以上の嘱託雇用等就業形態が特殊な業務に従事するものについて別段の定めをした場合は、この限りでない。

(賃金の構成)

第2条　賃金の構成は次のとおりとする。

(歩合給)

第3条　歩合給は、運転手に対し、次の計算基準により支給する。営業収入は会社の定めた運賃表による。

① 大型貨物運転手は、賃金算定期間中の営業収入に0.35を乗じた額を歩合給とする。

② 普通貨物運転手は、賃金算定期間中の営業収入に0.38を乗じた額を歩合給とする。

2　実労働時間あたりの歩合給が、以下の各号の時間単価のうちいずれか高いほうに満たない場合は、その水準に至るまで歩合給を増額支給する。

ⅰ 最低賃金

ⅱ 過去3カ月分の歩合給をその期間の総労働時間数で除した金額の6割

(割増賃金)

第4条　割増賃金は、次の算式により計算して支給する。

$$1時間あたりの割増賃金額 = \frac{出来高払制賃金の総額}{算定期間における総労働時間} \times 0.25（法定休日の場合 0.35）$$

(通勤手当)

第5条　通勤手当は月額2万円までの範囲内において、最も合理的か

つ経済的であると会社が認めた経路により計算された額を支給する。

**（休暇、休職、欠勤等の賃金の取扱い）**

**第6条** 年次有給休暇の期間は、平均賃金を支給する。

2　遅刻、早退、欠勤、休職、産前産後の休業期間、育児・介護休業法に基づく育児休業および介護休業の期間、育児時間、生理日の休暇の期間中は、賃金を支給しない。

3　通勤手当は、賃金計算期間中に欠勤もしくは休職となった場合、その期間の所定労働日数を基準として欠勤もしくは休職日数分を控除して支給する。

**（賃金の計算期間および支払日）**

**第7条** 賃金は、毎月末日に締め切り、その翌月15日に支払う。ただし、支払日が金融機関の休日に当たるときは、その前日の金融機関の営業日とする。

2　賃金計算期間の中途で採用され、または退職した場合の賃金は、その賃金計算期間中の営業収入に応じて支払う。

**（賃金の支払いと控除）**

**第8条** 賃金は、運転手に対し、通貨で直接その全額を支払う。ただし、下記の額を賃金から控除する。

①　源泉所得税

②　住民税

③　社会保険料の被保険者負担分

④　雇用保険料の被保険者負担分

⑤　従業員代表との書面による協定により賃金から控除することとしたもの

附　則

**（実施期間）**

令和○年○月○日から実施する。

# あとがき

　雇用形態も多様化し、副業・兼業も志向される中で、様々なタイプの賃金体系が必要とされるようになりました。成果に応じて支払う歩合給制は、同一労働同一賃金の考え方にも完全に合致します。

　歩合給制は万能ではありませんし、あらゆる職種に適用できるわけでもありません。しかし、業種と職務内容によっては、経営の論理と働き手の納得性が折り合うことができる現実的な解決策となる可能性があります。もちろん、労働基準法をはじめとする法令の遵守を前提にしてのことです。

　本書では、トラックドライバーを対象としたオール歩合給制の設計について述べましたが、オール歩合給制が単独で成り立つことは少なく、他の賃金構造と併存することが一般的です。そのため、賃金制度全体を設計する中で他の仕組みと関連付けながら、オール歩合給制をどう組み立てるかについて解説しました。

　また、運送業以外の業種への歩合給制の適用についても記述しました。歩合給制は、かつて製造現場において幅広く活用されてきましたが、本書で紹介した時間請負制、集団出来高払制、集団能率給などは、50年以上前に発行された製造業ベースの歩合給制に関する優れた書籍から多くの学びを得たものです。歩合給制の歴史は古く、今はほとんど知られていない過去の優れた知見も活用すれば、その適用範囲は非常に広いのです。

　今回、企業側弁護士として労働問題の最先端に立つ向井蘭先生からお誘いを受け、共著者として企画段階から様々なディスカッションを行い、多くの気づきを得ることができたのは幸いでした。向井先生、そして企画・編集を担当いただいた日本法令の田中紀子さんに深く感謝申し上げます。

　本書がトラック運送業をはじめ、様々な業種、職種の賃金制度改革のヒントになれば幸いです。

令和4年2月

経営人事コンサルタント　西川幸孝

# 著者略歴

**向井 蘭**（むかい らん）
杜若経営法律事務所　弁護士
1997年東北大学法学部卒業、2003年弁護士登録（第一東京弁護士会所属）。同年、狩野祐光法律事務所（現杜若経営法律事務所）に入所。経営法曹会議会員。労働法務を専門とし使用者側の労働事件を主に取り扱う事務所に所属。これまで、過労死訴訟、解雇訴訟、石綿じん肺訴訟。賃金削減（就業規則不利益変更無効）事件、男女差別訴訟、団体交渉拒否・不誠実団体交渉救済申立事件、昇格差別事件（組合間差別）など、主に労働組合対応が必要とされる労働事件に関与。近年、企業法務担当者向けの労働問題に関するセミナー講師を務める他、労働関連誌への執筆も多数。
＜主著＞『時間外労働と、残業代請求をめぐる諸問題』（経営書院、共著）、『社長は労働法をこう使え！』（ダイヤモンド社）、『最新版 労働法のしくみと仕事がわかる本』（日本実業出版社）、『改訂版 会社は合同労組・ユニオンとこう闘え！』（日本法令）、『管理職のためのハラスメント予防＆対応ブック』（ダイヤモンド社）、『ケースでわかる［実践型］職場のメンタルヘルス対応マニュアル』（中央経済社、共著）、『改訂版 書式と就業規則はこう使え！』（労働調査会）、『教養としての労働法入門』（日本実業出版社、共著）。

西川　幸孝（にしかわ　ゆきたか）
株式会社ビジネスリンク　代表取締役
経営人事コンサルタント
中小企業診断士、特定社会保険労務士
早稲田大学卒業後、商工会議所に入職し、第三セクターの設立運営などに深く関わる。
2000 年経営コンサルタントとして独立。
2005 年株式会社ビジネスリンク設立、代表取締役。
2009 ～ 2018 年中京大学大学院ビジネス・イノベーション研究科客員教授。
日本行動分析会会員。
「人」の観点から経営を見直し、「経営」視点から人事を考える経営人事コンサルティングに取り組んでいる。
著書に、『中小企業の M&A を成功させる人事労務の実践的手法』（日本法令）、『小さくても「人」が集まる会社』（日本経済新聞出版社）、『物語コーポレーションものがたり～若者が辞めない外食企業～』（日本経済新聞出版社）、『同一労働同一賃金に対応！　トラック運送業賃金制度設計の実務』（共著、日本法令）、『改訂版 マネジメントに活かす 歩合給制の実務』（日本法令）がある。

運送業の未払い残業代問題は
オール歩合給で解決しなさい

令和 4 年 3 月 20 日　初版発行
令和 6 年 4 月 10 日　初版 4 刷

検印省略

 日本法令®

〒 101 - 0032
東京都千代田区岩本町 1 丁目 2 番 19 号
https://www.horei.co.jp/

| 著　　者 | 向　井　　　　蘭 |
| 著　　者 | 西　川　幸　孝 |
| 発行者 | 青　木　鉱　太 |
| 編集者 | 岩　倉　春　光 |
| 印刷所 | 日　本　ハ　イ　コ　ム |
| 製本所 | 国　　宝　　社 |

（営　業）　TEL　03-6858-6967　　Ｅメール　syuppan@horei.co.jp
（通　販）　TEL　03-6858-6966　　Ｅメール　book.order@horei.co.jp
（編　集）　FAX　03-6858-6957　　Ｅメール　tankoubon@horei.co.jp

（オンラインショップ）　https://www.horei.co.jp/iec/
（お詫びと訂正）　https://www.horei.co.jp/book/owabi.shtml
（書籍の追加情報）　https://www.horei.co.jp/book/osirasebook.shtml

※万一、本書の内容に誤記等が判明した場合には、上記「お詫びと訂正」に最新情報を掲載
　しております。ホームページに掲載されていない内容につきましては、FAXまたはEメー
　ルで編集までお問合せください。